Mauro Finazzi

RACCONTI DI M

© Mauro Finazzi

ISBN 978-1-4478-4933-9

PREFAZIONE: in principio ero normale...

Merda. Via il dente, via il dolore. La dico subito, così almeno capite subito il taglio di questo libro. E' inutile girarci attorno, questi sono proprio racconti incentrati sulla "defecatio" umana. Ma non preoccupatevi, non intendo spiegare al pubblico come si espletano le formalità corporali, non ne avrei la facoltà, tutt'altro. L'intento è trasportarvi in ricordi di posti meravigliosi, sparsi per il Mediterraneo, attraverso un filo conduttore particolare e necessario: cagare.

Il grande Davide Besana, fumettista e velista, scrisse in una sua opera che "se le barche sono piccole, non è che ci vanno i nani, perché devono montarci delle tazze microscopiche?".

Mai frase fu più azzeccata, ma personalmente cambierei la parte iniziale...non mi limiterei alle barche piccole! Ogni volta che ho portato amici o clienti in barca, indipendentemente dalla dimensione, la faccia alla vista della tazza aveva sempre lo stesso significato: "Lì dentro? Ma stiamo scherzando?!". E non li biasimo. Nemmeno io ho una faccia credibile quando spiego il funzionamento della pompa, della valvola, del risciacquo, dello svuotamento della tazza, della pulizia e del "non buttate dentro la carta, che se no s'intasa!".

A questo punto vi chiederete a cosa porta tutto sto prologo sulla dimensione della tazza del cesso...

Ovviamente, ad una naturale conseguenza: la ricerca di metodi alternativi, nonché fantasiosi, per l'espulsione delle abituali scorie organiche.

Un altro motivo che mi ha spinto a sputtanare per sempre la mia reputazione nel mondo, è legata alla ben più nobile arte del navigare.

Lo stare insieme, il vivere a stretto contatto gli uni con gli altri su di una imbarcazione, porta inevitabilmente l'uomo a retrocedere ad uno stato di "simbionte" della natura, allo stadio primo, quello delle necessità. Ci si sposta, veleggiando; ci si nutre, spesso con li stessi frutti del mare; si parla, attraverso argomenti semplici, che richiamano la natura e lo stato vissuto. Ma per quanto uno cerchi di mantenere un profilo umano e nobile, presto o tardi, si finisce per parlare di merda. Inevitabile. Perfino in presenza di donne. A quel punto la metamorfosi è conclusa. La vera essenza è uscita. Fateci caso, quando sarete in qualche bella baia alla fonda. Se sentite delle improvvise e fragorose risate provenire da una barca, le probabilità che sia stata Lei ad innescarle, è molto, molto alta.

E nel caso non ve la sentiate di tirare fuori dall'armadio i vostri personali scheletri di cacca, potrete sempre usare quelli all'interno di questo libro, salvando la faccia e lasciando i vostri amici riversi sulla coperta in preda ad attacchi di riso.

Prima di addentrarmi in racconti o vicende al limite del credibile, sarebbe il caso di fare una puntualizzazione.

Non sono sempre stato così. Ho iniziato da bambino ad andare in barca coi miei genitori, e il bagno non era mai stato un problema, forse perché "a quelle dimensioni", i bagni di bordo erano piuttosto adeguati per il sottoscritto. Certo è vero anche che avendo la barca al lago, il più delle volte si utilizzavano le toilette del marina.

Il problema non si presentò nemmeno quando incominciammo la navigazione marittima, con la nuova barca di 47 piedi. Lunghe crociere tra Corsica, Sardegna ed arcipelago Toscano, traversate, notti in rada... non ricordo particolari disagi nell'uso del cesso di bordo. Mi ricordo molto bene dell'infernale attrezzo che mi spettava a bordo. Difatti io e mia sorella avevamo un bagnetto riservato. Era decisamente un privilegio, dato che a casa erano sempre botte da orbi per accaparrarsi l'unico bagno, la mattina prima di andare a scuola. Era una bella tazza. Carina, semplice, con una particolarità. Bella e dannata. Non aveva la valvola del riciclo, ma solo una leva per il pompaggio dell'acqua, che avveniva in modalità "sottovuoto". In sostanza, sul coperchio, c'era una guarnizione di gomma, la quale, aderendo alla tazza una volta abbassata, impediva il passaggio dell'aria tra coperchio e tazza, facendo di fatto aspirare l'acqua dai forellini interni, generando un naturale sciacquone. Una cosa pazzesca. Una volta innescata faceva dei suoni infernali, del tutto simili ai bagni degli aerei di linea. Tuttavia mi piaceva. Era diversa, direi speciale. Ed ogni volta che la utilizzavo, mi sembrava del tutto normale e mai ho pensato che potesse essere in qualche modo un problema. Unica nel suo genere e nel suo utilizzo.

CAPITOLO 1: c'è sempre un'altra via..

Era il 1995. Che sembra ieri ma sono passati già 15 anni... Fu la prima vacanza "only for male" della mia vita. Madre e sorella ci avevano abbandonato a noi stessi quell'estate. La prima per stomaco (soffriva dannatamente il mare), la seconda per "adolescenza". Essendo un po' più grande del sottoscritto, viveva in quegli anni la sua personale battaglia contro i genitori, sistema, scuola...insomma, glissava per principio qualsiasi tipo di proposta dei miei genitori, vacanze comprese. Normale per una adolescente, incomprensibile per un genitore, fantastico per me, che mi ritrovavo ad avere una cabina tutta mia, ma soprattutto, un enorme bagno "personale"!

Partimmo dalla Liguria una mattina di agosto, direzione Saint Florant (Corsica). Era la mia terza traversata, ormai mi sentivo un veterano. Fu sicuramente la più bella di tutte, indimenticabile. Fu il festival delle emozioni. Con una premessa, però. L'anno prima, facemmo la traversata dalla Corsica alla Liguria di giorno, e vedemmo una quantità incredibile di balene. Memore di quella esperienza, dopo solo 5 miglia dalla partenza, mi ero già comodamente rivettato le natiche sul seggiolino di prua del mio amato 47 piedi. Tutto procedeva nella più assoluta tranquillità. I due amici di mio padre che ci accompagnavano fino a Santa Teresa di Gallura, già stavano segando tronchi sottocoperta, mentre l'armatore (mio padre n.d.r.) carteggiava[1] e cercava, con scarso successo, di usare uno dei primi modelli di

---

[1] carteggiare: disegnare rotte sulle carte nautiche

GPS portatili. Ogni tanto faceva capolino per vedere se ci fosse qualche cosa in rotta di collisione, ma dopo avermi visto attento e vigile sul mio seggiolino, se ne tornava sottocoperta a studiare il manuale del Magellan[2]. Morale della favola, passai diverse ore per i fattacci miei, scrutando a perdita d'occhio l'orizzonte, ala ricerca di quelle grigie gobbe che mi avevano tanto emozionato l'anno prima.

Il primo sobbalzo arrivò verso 14. Durò un battito di ciglia. Un istante prima cielo azzurro, terso, limpido. Un millisecondo dopo, una striscia infuocata nel cielo che finiva in acqua diverse miglia da noi. Subito dopo la scia infuocata divenne fumo, un attimo dopo arrivò il suono. Un tuono a ciel sereno. Da cagarsi sotto. Ovviamente mio padre uscì a controllare, e vide la scia di fumo del diametro di qualche metro, già abbastanza diradata. E la mia faccia. Per nulla diradata. "Va' che roba! Una stella cadente in pieno giorno! Non l'avevo mai vista!"

Capii che tutto quel casino era stato causato da una piccola meteora, arrivata fino a terra. Certo fu che, dopo l'affermazione di mio padre, gli chiesi "Ma se ci avesse preso?" e lui "Bhè, sarebbe stato un bel buco!", e se ne tornò sottocoperta, borbottando di reggermi bene al pulpito di prua, per non cascare in acqua. Frase che nella mia testa divenne una domanda: "in che modo reggermi più forte al pulpito di prua potrebbe salvarmi da un meteorite?"

Mentre elaboravo con sguardo incantato e inebetito, una balenottera decise che era giunto il momento di fare un carpiato a 60 metri dalla nostra prua, esattamente dove il mio sguardo incantato s'era posato. Pazzesco. Un pescione di 20 metri che esce

---

[2] magellan: un modello di GPS

dall'acqua fino a metà coda, atterrando di schiena e gettando per aria una quantità d'acqua impressionante. Che prima o poi la gravità richiama verso il basso. E chi c'era lì sotto? Splash! Non uno tzunami certamente, però il teak[1] della prua fino all'albero era bagnato. Io ero paralizzato e non riuscivo nemmeno e parlare, sta di fatto che l'onda della balena (mezzo metro) fece appena appena beccheggiare la barca, facendo scattare mio padre (10 secondi prima aveva appurato la totale assenza di barche / onde nel giro di 50 miglia), che vedendo la prua bagnata mi disse: "Cos'hai fatto?". Ed io, nella mia totale innocenza risposi "Pà, una balena è uscita dall'acqua qui davanti, e mi ha lavato". Non gli ho mai chiesto cosa avesse pensato, però col senno di poi credo mi abbia dato del visionario. Un secondo prima un meteorite in pieno giorno, subito dopo una balena Tania Cagnotto. A raccontarlo non ci credo nemmeno io. Una bella botta di emozioni. Che si conclude con un pazzesco ed intenso odore di terra ad una trentina di miglia dalla Corsica. Un profumo misto di piante, fiori...tutte le essenze che si possono trovare a riva insomma. Concentrato e caldo. Indimenticabile. E soprattutto, mai più sentito.

La navigazione proseguì nei giorni successivi, fino a Santa Teresa di Gallura. Sbarcati i due ospiti, ne imbarcammo altri 4. Erano un gruppo di trentenni, simpaticissimi, allegri e casinisti. Una rivoluzione rispetto alla settimana precedente! Uno dei 4 totalmente digiuno di barca. Era in assoluto la prima volta che saliva su una "cosa a vela". Dopo qualche bagno e parecchie risate, procedemmo verso l'Isola d'Elba. Una veloce sosta a Porto Azzurro per cambusa ed acqua e ripartimmo alla volta di Marciana Marina.

---

[1] teak: il legno che ricopre la coperta della barca

Fu davvero una giornata terribile. Quel giorno, ancora
così limpida nei ricordi, stravolse il mio equilibrio
psicofisico. Quel giorno, intasarono il mio cesso.
Agghiacciante. Quelle che sembravano solo minacce
infondate dette da mio padre agli ospiti, si erano
trasformate in realtà. Una bella realtà di merda.
Indelebile la faccia di mio padre mentre smontava la
valvola e la tazza. Una quantità di schifezza
inenarrabile. E fu lì che capii che il cesso a bordo
"poteva essere un problema". Improvvisamente
fummo tutti colpiti da una inspiegabile stitichezza, che
dopo 3 giorni, all'isola dei Topi, sparì di colpo a tutti
(escluso me), lasciando il posto ad impellenti
necessità di evacuazione. La situazione era la
seguente: leggerissima brezza da mare, barca alla
fonda, una trentina di barche attorno a noi, un cesso
appena sturato, 4 trentenni gonfi e pieni di spasmi e
la inequivocabile faccia di mio padre, della serie "il
prossimo che va in bagno lo ammazzo". La naturale
conseguenza, fu che un coraggioso (e "pieno") dei 4 si
buttò a mare. Poco dopo, risate e profusione e...un
mostruoso biscione scuro che si allontanava
sottovento, verso le altre barche, verso la spiaggia. Un
attimo e fu il delirio. A turno si buttarono in acqua,
ormai il pudore s'era andato a farsi benedire. Mio
padre diviso tra il sollievo di non dovere più sistemare
il cesso e la surrealità di 4 bestioni intenti a cagare tra
le barche in una delle rade più belle di Italia. Io
piegato in due dalle risate. Fu una grande lezione di
vita per me: c'è sempre un'altra via. Discorso più
complicato fu il fatto che quell'atto di totale
esibizionismo, attivò una bomba ad orologeria nel mio
ego, che mi portò negli anni universitari ad emulazioni
rivisitate e goliardiche dei fantastici 4. Il mio pudore
finì a riva con quel mostro scuro un giorno di agosto
del 1995.

CAPITOLO 2: l'ultima volta.

Ovviamente, ripresi a defecare. Ma il mio organismo aveva iniziato un curioso processo di autodifesa da cesso di bordo. Inspiegabilmente, non avevo stimoli o necessità di evacuare durante la permanenza a bordo, ma non appena toccavo terra, il mio primo problema era "trovare una toilette". Penso proprio che la faccia di mio padre intento a sturare quel maledetto cesso, mi abbia segnato a tal punto da innescare questo curioso atto auto difensivo.

Gli anni trascorsero, le crociere pure. Arrivò il 1998, con il mio primo corso di vela. E arrivò il 1999, con il mio secondo corso a Caprera, l'Itinerante. Tanti staranno pensando che la mia allergia al cesso di bordo si sposasse alla perfezione con lo spirito spartano della scuola di Caprera. Tutt'altro. La base e le barche sono dotate di cessi perfettamente funzionanti. Altro che "buche per terra" o casottini di legno. L'igiene non manca, suvvia.

Ma veniamo all'Itinerante.

Dopo la fantastica esperienza del 1998, al mio primo corso, rimasi in contatto con parecchi "colleghi", ormai diventati dei fratelli a tutti gli effetti. Fu così che io, Giuddy, Ely e Marcos decidemmo di iscriverci al "2I", meglio conosciuto come "secondo corso itinerante", corso di punta della scuola di Caprera. Si tratta di un'esperienza di due settimane, dove nella prima si ripassano tutte le manovre basilari, aggiungendo ancoraggi ed ormeggi. Tutto senza motore, con barchine di 7.5 metri. La settimana successiva, invece, si "itinera". In sostanza si va a spasso per l'arcipelago di La Maddalena con scafi di 8 metri scarsi, imparando a carteggiare, a navigare di notte e a vivere a bordo, dividendo tutto...cesso compreso!

La prima settimana fu ovviamente uno spasso. Dormendo alla base, tutte le sere mi ritrovavo un cesso di ceramica formato turca, pronto ad accogliermi senza nessun tipo di problema. E non ero nemmeno preoccupato per la seconda settimana. Confidavo nel mio bioritmo-porto-sinergico. E alle brutte, c'era sempre il mare!

Finalmente arrivò il sabato e, preso possesso di Diomedea (Gib Sea 262), partimmo verso Cannigione per la tradizionale cambusa. Purtroppo non eravamo riusciti a stare tutti e 4 sulla stessa barca. Giuddy ed Ely erano separati da me e Marcos. Poco male, comunque la sera ci si ritrovava senza problemi. Ma ad una cosa però non avevo pensato. I serrati ritmi della scuola, soprattutto per quanto riguarda i pasti, regolarizzano l'intestino a tal punto che si può tranquillamente pianificare le attività personali tenendo conto della pausa cesso. Ahimè, questa precisione svizzera non solo si protrasse anche la seconda settimana, ma il mio capobarca era più preciso di un muratore di Brembate; ore 12:00 pranzo, ore 20:00 cena. Senza sgarri!

Il primo giorno mi andò bene. Riuscì a rimandare la defecatio alla mattina della domenica senza troppi sforzi, con una piacevolissima gita a terra a Cala Francese (La Maddalena). Si tratta di un splendida baia a "C", aperta a ovest, verso Spargi. Nella parte nord c'è un pontile diroccato dove una volta ci si poteva ormeggiare con piccole imbarcazioni. Acqua cristallina, granito rosa pronto ad infuocarsi non appena il sole tenta di tramontare. Roba da urlo.

Date le ottime previsioni meteo, i nostro Capo Turno decise di farci fare rotta verso Rondinara, anziché Bonifacio. Subito notturna a Porto Vecchio, con ingresso al buio nel lungo e stretto canale. Davvero affascinante. Qualche numero per trovare ormeggio, ma una volta messa in sicurezza la barca, ce ne andammo fuori a fare un po' di casino dopo la "faticosa" notturna. Sarà stata l'emozione, l'adrenalina o chissà cosa, quel giorno di stimoli non ne ebbi nemmeno l'ombra. Il giorno successivo, grande navigazione a vela. Un bel levantino ci spingeva verso sud, e dopo la sosta - pranzo a Sant'Amanza, ci apprestammo ad affrontare il tanto famoso "Passaggio della Piantarella", uno spettacolare allineamento ingegneristico tra la il sud della Corsica e l'isola Piana. In sostanza il timoniere deve tenere allineati sulla prua un pilastrino e un paio di corna. Se questi due rimangono "incastrati" sulla prua, non si va a sbattere. Il gioco è divertente, ma la tolleranza è davvero minima. Quello che però si presenta alla fine del canale, è sicuramente uno dei posti più belli dell'universo conosciuto. L'isola Piana è uno scoglio abbandonato da Dio a mezzo miglio dalla costa corsa. La caratteristica speciale, però ,è che lo spazio tra le due è invaso da una lingua di sabbia finissima e bianca, che crea una piscina naturale di circa un metro e sessanta di profondità. La gente quindi parte dalla Corsica e, zaini sulla testa, camminando per qualche centinaio di metri con l'acqua alle spalle, arriva sull'isola Piana, scartando e gimcanando tra le barche alla fonda. Noi arrivammo verso le 18. Molta gente se ne stava andando verso le macchine, mentre diverse barche si preparavano a passare la notte. Noi ci mettemmo a "pacchetto", ovvero, tutte e 6 gli scafi sfalsati ed uniti, a mò di zatterone. E ancora per tutta la giornata, nessuno segnale intestinale.

Un posto fantastico. Talmente bello da farmi pensare che sia frutto della mia fantasia. E me lo ripeto ogni volta che ci vado.

Arrivarono le 19.30, e Rob, il nostro Capo Barca, era già in fibrillazione. Non avevamo cenato la sera prima, causa notturna, mentre a pranzo, la ragazza di corvè aveva preparato una inutile insalatina "diet", dall'aspetto sterile e dal gusto inesistente. In sostanza aveva una fame da bestia, ma non era il solo.

"Marcos, che ne dici di una bella carbonara?"

"Andata!". Secco e perentorio, il mio caro amico prese un padellino, per soffriggere la pancetta. Io mi occupai di acqua e uova, predisponendo la barca ad una cena da Buckingham Palace. Buttammo un chilo di farfalle. E sbattemmo 8 uova. Rob guardò la pentola e sogghignò. Il suo pensiero era chiaro..."giovani ed inesperti, non sanno che ne butteranno via più della metà". Ma come spesso succede nello sport, i pronostici vengono smentiti. A parte la giovane compagna di bordo, vittima della linea, Rob, Marcos e il quarto allievo, si fecero un bel secondo giro. Io avevo fame. E con un colpo da maestro mi impossessai direttamente della pentola, sbranandomi, senza scherzi, almeno 4 etti e mezzo di farfalle alla carbonara. Rob era allibito. E forse, irritato dall'avere sbagliato previsione, si prodigò subito a romperci le scatole nel volere tutto subito lavato e pulito. Mi misi a poppa, sciacquai i piatti e appesi la pentola incrostata a mollo, sperando nell'aiuto di pesci affamati. Finalmente un po' di relax. Il sole stava tramontando, incendiando punta Sperone.

Passarono un paio di ore, e allo spuntare delle prime stelle, mi apprestai a recuperare la pentola. I pesci erano venuti, ma di roba appicciata ce ne era troppa anche per loro. Mi misi a combattere contro quel sozzume quando, inaspettatamente, un tuono scosse la barca. Ahimè, il tuono però non veniva dal cielo, ma dalla mia pancia. Erano due giorni che non liberavo l'intestino, e attualmente c'erano 4 etti di pasta accalcati nello stomaco che chiedevano digestione. Un notevole traffico. E il casello ancora non aveva alzato la sbarra! Chiesi cortesemente a Marcos di finire. A quel punto, arrivo lo stimolo. "Bene", pensai. "Come mi organizzo?" La gita a terra era controindicata. Era quasi totalmente buio, e al ritorno mi sarei perso tra le luci delle centinaia di barche alla fonda. Senza considerare che rischiavo la congestione. Tender. assente. Bhè, restava sempre la soluzione "isola dei topi". Cagare in acqua. Assolutamente la cosa migliore. Ancora meglio attaccati alla scaletta, così da non rischiare la congestione. Tanto il mio pudore era da anni riverso su una spiaggia in toscana...Ma avvenne l'inaspettato. In primis, tutti i Capi Barca si erano radunati sul Gib Sea 262 di fianco al nostro. Ridevano e bevevano, quindi già questo inibiva un po'. Secondo fatto, decisamente più rilevante, c'erano delle donne; esseri con le quali non mi ero mai confrontato in ambiente marino. Non solo, avendo 17 anni, giocarmi le poche possibilità di aggancio mostrandomi a cagare a poppa non era proprio da considerarsi una mossa furba.

Capii di essere nella merda fino al collo.

E intanto il prigioniero gridava "libertà"!

Il tempo stringeva. E non solo quello. Preso dal panico, scesi sottocoperta e senza nemmeno capire come, mi ritrovai dentro uno stanzino angusto, con una tazzina da cesso chiusa che mi guardava come a dire "Ciao, vuoi essere mio amico?" Tanti ricordi, paura, terrore...ma alla fine calai le brache e mi sedetti.

Conscio e subconscio si scontravano. La battaglia per la libertà del prigioniero durò svariati minuti. Il buon Marcos, al decimo del primo tempo, bussò per accertarsi sul mio stato di forma. "Ohi, tutto bene?". Decisamente. Finalmente mollata la zavorra, fui inondato da un senso di sollievo sublime. Che durò poco. A quel punto veniva il difficile. La vista ancora non aveva inviato dati al cervello, ma la sensazione era che il "problema" fosse grosso. Molto grosso.

"Vabbè, grosso o piccolo, basta pompare con energia, senza carta, e tutto si sistema". Nel frattempo l'aria nello stanzino s'era fatta pesante, e qualche filo di umidità già volava in sospensione, tra la luce soffusa del neon del lavello.

La gioia nello scoprire che si trattava di una, così detta "Perfetta" svanì in pochi secondi quando Lo vidi. Sì, perché si trattava di un mostro, e come tale bisognava darGli rispetto. "Non è possibile che io abbia espulso una cosa del genere".

Per decenza non lo descriverò, ma vi assicuro che del bianco interno della tazza, se ne vedeva davvero poco.

Vabbè, rapido bidè, chiusura ermetica della tazza e via di pompetta... tunf...tunf...nessun tipo di resistenza, movimento fluido, fin troppo facile. Dopo 30 pompate, aprii la tazza. Situazione assolutamente immutata. Lui era esattamente dove lo avevo lasciato. Solo l'acqua era uscita. Crisi. Presi il doccino e lo innaffiai, riempiendo ben bene la tazza. Altre 50 pompate. Nulla. Ripetei l'operazione, accelerando il ritmo delle pompate. Un sussulto. Un estremo si stava indirizzando verso il microscopico scarico. Ma anche un imbecille avrebbe capito che il Suo diametro e quello dello scarico deficitavano di un delta considerevole. Ma chissenefrega. Insistiamo. Dopo circa 200 pompate, l'igrometro dello stanzino segnava un umidità del 99%, con temperatura percepita di circa 40°. Al primo dei 3 minuti di recupero del primo tempo, le forsennate pompate aveva ben indirizzato lo Straniero verso l'uscita, talmente bene che si incastrò. Pompa bloccata. Stronzo Bloccato. La situazione a quel punto era davvero critica. Durante l'intervallo, presi tempo per pensare. La strategia era errata. Quest'avversario andava sconfitto con una metodologia innovativa, mai vista prima. Al fischio di inizio del secondo tempo, gridai, testuali parole: "MARCOS! Passami un coltello!" Ricevetti una carica di insulti, seguito da un preoccupato: "ma sei serio?". Effettivamente lo ero. Ma non potevo certo aprire quella porta. E poi, che ne avrei fatto del coltello? Purtroppo di carta non ne avevamo. A quel punto, il poco pudore che avevo, tornò immediatamente all'Elba, mi girai, e vidi nel lavandino maschera e boccaglio. Perfetto. Carta igienica attorno al boccaglio e via. Al nono del secondo tempo, la partita si stava indirizzando su binari sicuri. Pompatina, spintarella, pompatina, spintarella. Stava funzionando. Al ventesimo però, Lui arrivò all'interno della pompa, e la riempì. Totalmente. La resistenza che faceva rendeva il meccanismo duro come l'avviamento manuale di un diesel. Bestiale. Ma ormai era fatta. Si trattava solo di forza. Fu così che dal ventesimo al novantesimo (il recupero lo usai per riassettare il cesso) pompai a due mani saltando sulla leva, con Lui che urlava da dentro le saracinesche, e Marcos fuori in sciarpata[1] che intonava "Walk On"[2]. Lo stanzino ero totalmente

---

[1] sciarpata: sventolio rotatorio di sciarpe tipico dei tifosi di calcio.

annebbiato. Il tasso di umidità era così elevato che vidi chiaramente la genesi di un cumulonembo nel lavandino. Ci aggiravamo sui 460 gradi Kelvin.

Ma ormai era fatta. Perfino la fusione dell'OR della pompa fu secondaria. Ormai avevo vinto. Lui era stato espulso. Mi feci un applauso da solo. Sistemai alla perfezione il bagno (e il boccaglio) e uscii. Marcos cadde. Sconvolto dalla mia faccia? Dalla temperatura? O semplicemente dal tanfo? Non fu importante. Avevo vinto, presi Marcos per la faccia e gli dissi: "Mai più. Questa è l'ultima volta che cago nel cesso di una barca!"

Poi capii perché era svenuto. Mentre uscivo s'era ricordato di avere ributtato la pentola della carbonara in acqua...sotto lo scarico del bagno.

---

[2] Walk On: altro nome di "You will never walk alone", famoso inno dei tifosi del Liverpool FC

CAPITOLO 3: deja-vu

Il corso del 1999 fu davvero un successo. Imparai un valanga di cose nuove ed interessanti, divertendomi come un pazzo. La sorpresa finale, fu una vera manna. Venni segnalato "aiutante di vela", in pratica, la scuola mi stava proponendo di fare carriera al suo interno. Evidentemente avevo qualche buona qualità. La nota triste fu, però, che Giuddy (non certo meno capace del sottoscritto) non ottenne la segnalazione, nonostante l'impegno certosino dimostrato. Si trattava più che altro di un incredibile colpo di sfiga. I capibarca d'altronde sono umani e sono diversi tra loro. Giuddy è un mio carissimo amico, all'epoca la nostra amicizia era agli albori. Lo vidi molto deluso per l'accaduto e fu così che decisi di proporgli, per l'anno successivo, di rifare il corso.

Ovvero, l'obbiettivo era fargli pigliare la nomination. A tutti i costi.

Il via era previsto per fine agosto. Organizzammo la questione nei minimi dettagli. La prima settimana, equipaggi separati, la seconda (quella decisiva), invece, insieme.

Fu così che mi ritrovai di nuovo sul Gib Sea 262. Alla tradizionale tappa a Cannigione per la cambusa, però, feci una mossa decisiva. Comprai dei bicchieri di carta, ad uso personale. Ero talmente determinato a non volere più rivedere quella maledetta tazza del cesso, che volevo essere in grado di evitare il bagno in tutto e per tutto. Bicchieri per lavarmi i denti, acqua in bottiglia per lavarmi la faccia. All'aperto. Io in quello stanzino maledetto non volevo più metterci piede.

Il destino, certe volte, è davvero beffardo. Come l'anno prima, nell'itinerario programmato, facemmo una sosta all'isola Piana. E anche quella sera (apposta!) preparai una bella carbonare "ignorante". Ma non temevo il ripetersi dell'avventura dell'anno precedente. Prima di tutto il mio intestino s'era settato sulla mattina. Seconda cosa, nessun salto di pasto nei giorni precedenti. Terzo, e più importante di tutti, quella sera avevamo spiaggiato. Il Gib Sea 262 era una barcaccia, ingovernabile, ma il pregio di avere deriva e timone mobile[1] la rendeva fantastica sui bassi fondali.

Quindi, per qualsiasi evenienza, mi bastava scavalcare la battagliola[2] e sarei stato a terra!

La scelta si arrivare a riva era stata dettata dalle previsioni meteo. I bollettini parlavano di Maestrale, così ci ficcammo in una splendida baia tra l'Isola piana e punta Sperone. Spiaggia bianca e fine, dalla forma di una parentesi quadra, ai lati alte scogliere a picco. Pochissimi turisti, nessuna strada. Solo una scaletta pedonale a sud. Senza considerare che alle nostre spalle, si estendeva l'azzurro intenso del basso fondo dell'isola Piana. Eravamo in un piccolo Paradiso.

La serata fu fantastica. Tutte e 5 le barche se ne stavano appollaiate sulla battigia, il Maestrale tardava, l'aria era immobile. Tanto calma che potevamo accendere le candele all'esterno. La situazione era rilassata e divertente.

Ad un tratto, poco dopo aver cenato, Nitro (il nostro capobarca), notò che all'interno della baia s'era formata un po' di risacca.

---

[1] timone e deriva mobile: sono le appendici immerse della barca che, grazie a meccanismi meccanici, si possono sollevare completamente.

[2] battagliola: è la ringhiera protettiva che circonda il perimetro della coperta.

"Ragazzi, aliamoci[1] sull'ancora di poppa e filiamo[2] a prua. Preferirei staccarmi dalla spiaggia per evitare di sfasciare l'elica e non fare grattare lo scafo."

"Pronti!" Disse Giuddy, che andò a prua con la ragazza imbarcata con noi, per manovrare l'ancora a terra. Io ero a poppa a recuperare l'altro calumo. Ad un tratto, accadde l'irreparabile. Nel buio pesto della baia, i due tuonati a prua s'erano fatti scappare il terminale dell'ancora. Ma peggiorarono la situazione aspettando qualche secondo di troppo a dircelo. Nitro fece la prima cosa che l'intuito gli suggerì. Accese il motore. Peccato che la leva dell'invertitore non era sul folle, così dopo mezzo secondo dall'accensione...<piiiiiih!>. Cima nell'elica...anzi...catena. Dalla padella alla brace.

La situazione era la seguente: cima di prua, smarrita. Catena di poppa: nell'elica. Motore: inutilizzabile. Santi e Madonne: a profusione. Nitro era un filo alterato. "Bel casino...adesso uno di voi 3 deficienti, si butta e sistema sto casino." Le reazioni furono le seguenti:

La ragazza: " Non io. Ho le mie cose... ";

Giuddy: " Ehm...io ho problemi di stomaco, ho mangiato troppo, mi viene la congestione...";

Io: "Io non mi butto per sistemare un casino che hanno fatto loro due!"

Fu così che il buon Nitro si buttò in acqua al posto dei suo allievi codardi e sistemò il macello...e la cosa divertente fu che noi dall'alto della barca, armati di torce, gli impartivamo perentori ordini...che bastardi.

---

[1] aliamoci: da "alare", ovvero, recuperare una cima

[2] filiamo: da "filare", ovvero mollare una cima. Il contrario di alare.

Mi sentivo tremendamente in colpa, ma la cosa peggiore era che Giuddy s'era fatto scappare un'occasione d'oro per guadagnare punti "promozione". Però era anche vero che aveva lo stomaco delicato. Nonostante riuscisse ad ingurgitare quantità immense di cibo, al minimo colpo d'aria o calo di tensione, si beccava certi febbroni da guinnes dei primati.

Ovviamente avevamo un debito quasi "di vita" nei confronti del nostro capobarca, e da quel momento in poi, ad ogni richiesta od ordine, scattavamo sull'attenti come bravi soldatini, pronti ad eseguire.

Andammo a dormire tardi quella sera, un po' per vedere se la situazione fosse tranquilla, un po' perché c'era stato un interscambio di barche. Giuddy, non ricordo per quale motivo, aveva passato la notte a bordo di un'altra barca, mentre sulla nostra era venuta ospite una amica della ragazza del nostro equipaggio.

Nonostante le ore piccole, alle 06.30 UTC[1], mi svegliai al suono della fanfara...intestinale. Tutto a bordo taceva. La situazione non era urgente, feci le mie cose con calma. Presi il mio marsupio con la carta, il bagnoschiuma ed un rapido caffè. Poi uscii, con gli occhi ancora stropicciati. Sguardo a sinistra. Tutto immobile, sguardo a destra...un tambucio si stava aprendo...Giuddy fece capolino. Aveva un'espressione pressoché identica alla mia stampata sul volto. Uscimmo quasi all'unisono, e specularmente filammo la cima a poppa e recuperammo l'ancora a prua per avvicinare le barche alla battigia. Ci trovammo quindi sulla spiaggia, faccia a faccia. Lui guardò il mio marsupio, io la sua busta di plastica. Ci scappò un

---

[1] UTC: acronimo di Uranium Time Clock, ovvero l'ora ufficiale dettata dai bollettini del servizio aeronautico militare

sorriso. Senza professare parola, ci separammo, inoltrandoci per il bosco dietro baia.

Un posto ideale. Vegetazione fitta, piante a foglie larghe nel caso di imprevisti. Qua e la tracce del passaggio di altri esseri umani. Macchie bianche, segnale inequivocabile di carta da culo. In realtà quel bosco era un cacatoio iper-inflazionato. Poco male. Trovai un angolino vergine e mi prodigai nell'operazione. Non so per quale motivo, ma pensai ai Caraibi. Ai nativi. L'immagine della spiaggia dalla mia prospettiva, mi ricordava le riprese dei film sugli esploratori delle Americhe... i nativi che spiano dalla boscaglia...ad un tratto trasalì. Un sibilo, seguito da un sordo rumore molto vicino a me. Mi spaventai tanto che quasi persi l'equilibrio. Sarebbe stato un disastro irreparabile volare muso a terra in quel mare di merda. Mentre mi destreggiavo nelle operazioni di pulizia, notai vicino a me una sfera bianca, dalla superficie butterata. Poco dopo delle voci, in avvicinamento dalle mie spalle, seguite dal classico rumore di fronde spostate. "Oh cazzo! Sto cagando in un campo da golf!" Qualcuno aveva esagerato col ferro 7, ed il suo colpo era, evidentemente, arrivato a pochi centimetri dal sottoscritto, intento in operazioni necessarie, ma pur sempre poco gradevoli. Ora il maldestro golfista stava cercando la sua pallina. Ormai il mio lavoro era terminato, potevo tranquillamente andarmene e lasciare che il poveraccio scoprisse passo dopo passo, che la sua pallina era finita in una distesa di merda. Poi pensai: "Se uno si mette a giocare così presto alla mattina, evidentemente ha una grande passione. Perché rovinargli la giornata mandandolo a spasso tra le cacche?". Presi la pallina e gliela tirai sul green. Il signore, però, non apprezzò il gesto. E incominciò ad inveire in francese, credo, sull'onestà del suo gioco.

Poi sentii Giuddy, ancora nel pieno delle sue facoltà intestinali, gridargli: "Monsieur, ici il y a beaucoup de merd!"[1]. Premetto che non so una parola di francese, ma il messaggio fu chiaro. Dopo qualche secondo di silenzio, giunse un "Mercy!". Scoppiammo a ridere, e mi avviai verso la spiaggia, pronto a farmi un sacrosanto bagno (e bidè) in quella stupenda baia.

---

[1] TRADUZIONE: Signore, qui c'è pieno di merda!

CAPITOLO 4: cul de sac!

Il corso proseguì senza problemi, mercoledì passammo la notte a Bonifacio. Per uno errore di conteggio (davvero triste...) i capibarca sbagliarono a prenotare il ristorante, così notammo che Nitro si aggirava imbarazzato di barca in barca chiedendo se qualche volontario volesse rimanere in a bordo. Guardai Giuddy. Bastò un occhiata e il messaggio fu chiaro. Mentre andavo ad avvisare Nitro che ci saremmo offerti noi, lui aveva già fatto la lista della spesa, la barba e preso il portafoglio. Il nostro capobarca era molto rammaricato per il fattaccio, soprattutto perché eravamo del suo equipaggio. Noi, invece, eravamo felicissimi. Finalmente in barca per i cavoli nostri, con la possibilità di scatenarci in cucina. Ne venne fuori una cena regale: tradizionale amatriciana alla Giuddy (mezzo chilo per essere tranquilli) e 2 controfiletti da 600 grammi cotti alla mia maniera, con vino, sale e pepe. Insalata solo per accostamento cromatico, caffè, amaro e...pulizia totale della barca. Tutto questo mentre gli altri si facevano un aperitivo. Finimmo la serata con una ottima crèpes "zozzona", ovvero degli ambulanti, in assoluto le mie preferite.

Quando Nitro tornò a bordo, quasi scoppiò in lacrime. Dopo essersi scusato per il fatto del ristorante, era tornato nel ruolo di sergente di ferro, mettendoci in guardia sull'ordine e la pulizia. Bhè, non stuzzicare la bestia che dorme, in quel caso, non sottovalutare me e Giuddy. Quando mise piede sul Gib Sea, non solo tutto era perfettamente lavato e riordinato, ma c'eravamo presi la briga di piegare i vestiti di tutti, capobarca incluso, preparando i letti in stile Grand Hotel. Chicca finale, mazzolino di lavanda sul cuscino di Nitro. Una sottile presa per i fondelli!

Il giorno dopo partimmo con molta calma. Il nostro "navigatore" (è chiaramente ironico) opzionò uno sosta a Cala Ferrigno, a Spargi. L'idea era di ormeggiarci nell'unico pontile dell'isola, in attesa del buio. Poi, verso le 2, partire per fare la notturna in direzione Porto Palma. La prima parte del piano andò a buon fine. Peccato che non riuscimmo a lasciare gli ormeggi per la notturna, a causa di un errore nel meteo. Il forte Maestrale previsto si trasformò in Grecale. Non forte. Incazzato nero. Oltre i 60 nodi. Si faceva fatica a stare in piedi. La cosa peggiore, però, è che cala Ferrigno è esposta a nord est, con una serie di piccoli scogli all'ingresso. Topo in trappola. Fortunatamente le onde si infrangevano all'ingresso della baia, ma la risacca era comunque tanta. Le barche sbattevano, i candelieri[1] si torcevano, le cime saltavano e perfino gli anelli d'ormeggio affogati nel cemento del pontile uscivano come tappi dalle bottiglie di champagne. Io avevo preventivamente fatto armi e bagagli portando la mia roba all'asciutto a terra. I capibarca erano molto preoccupati. Si vagliava l'ipotesi di spiaggiare, perdendo le eliche, ma almeno salvando le barche. Altro guaio: era venerdì mattina. Entro la sera saremmo dovuti essere alla base. Il Grecale non accennava a mollare il colpo.

Fortunatamente a cala Ferrigno c'è anche l'unica abitazione di Spargi. Ricordo con piacere l'infinita gentilezza dei suoi proprietari, che ci fecero un pentolone di pasta, dato che cucinare in barca risultava impossibile.

---

[1] candelieri: aste di acciaio che fanno parte della battagliola.

Nel pomeriggio, in attesa di una qualsiasi variazione meteorologica, mi allontanai dal gruppo, con un rotolo di carta in tasca. Sta volta però ero davvero giustificato. Usare il cesso di bordo in quella situazione era pericoloso, c'era il rischio di aprirsi la testa sull'oblò o sul lavandino con tutto quel rollare.

Così iniziai l'esplorazione terrestre di Spargi. Mentre cercavo un comodo e tranquillo posto per evacuare, notai che la vegetazione dell'isola era molto più bassa e rada rispetto a Caprera o La Maddalena. Qua e la segni di vita...animale! Tantissimi cespugli ribaltati, segno inequivocabile di cinghiali alla ricerca di radici. Proseguendo verso nord, si incontrano diverse costruzioni. Uno stazzo e delle batterie della seconda guerra mondiale.

Nel cercare un cesso adeguato, mi imbattei in una specie di feritoia nel granito, abbastanza grande ed invitante da pensare di utilizzarla per il mio scopo. Ho sempre avuto una passione sfrenata per la pallacanestro. Poi l'idea che qualche bestia venisse fuori da li e mi azzannasse le chiappe mi fece cambiare idea. E meno male. Dopo l'operazione di espulsione delle scorie, cercai di capire meglio cosa fosse quel pertugio nel granito. Trovai poco più avanti l'ingresso di un cunicolo, ci entrai e scoprii che gli scalpellini sabaudi s'erano fatti proprio un bel mazzo a Spargi. Una parte delle batterie era interamente ricavata all'interno del granito, perfettamente mimetizzate ed illuminate. Un lavoro pazzesco. Mi sono informato sulle tre batterie dell'isola. Sono tra le più recenti, costruite quando l'aviazione era passata da una funzione ricognitiva ad una bombardante. Ecco il perché di un così alto mimetismo. E' da vedere. Sembra Gardaland, non ci si trattiene dal bussare sul granito per vedere se è davvero roccia oppure sia polistirolo!

Dopo avere ammirato con attenzione quegli stupendi esempi di archeologia militare della batteria di Zanotto, me ne tornai, alleggerito, alle barche. Il vento aveva rinforzato. E anche il bianco dei volti dei capibarca era aumentato.

Dovemmo aspettare sabato mattina, verso le 8, per vedere una diminuzione a "soli" 40 nodi. Segno della croce, il 9 cavalli del Gib Sea urlava spinto a tutta birra e via, verso Caprera. Ce la facemmo, arrivammo sani e salvi, in mostruoso ritardo e con le barche a letteralmente a pezzi.

Il corso terminò il 9 settembre. Giuddy prese la nomination, e l'equilibrio cosmico fu ristabilito. Io persi i primi 3 giorni di scuola. Era la prima volta in assoluto che la saltavo per la vela. E la cosa mi piaceva. Tanto che dopo 2 settimane tornai sull'isola per fare il corso propedeutico per diventare aiutante. Con Giuddy.

CAPITOLO 5: le crociate

L'anno successivo, divenni istruttore. Ma soprattutto, era l'anno della maturità. Un anno decisivo, diverso e impegnativo.

La mia classe era un covo di ipocriti arrivisti, oltre a qualche anarchico insurrezionalista in perfetta divisa palestinese, che ora gira in doppio petto e Audi. Questi personaggi di dubbio gusto, rompevano talmente le scatole da riuscire a rovinare le ultime giornate di liceo. La loro mossa migliore fu quella di organizzare la gita finale della classe. I compagni, per la maggior parte, chiedevano un posto casinista con qualche cosa di culturale, la tradizionale capitale europea, insomma. Ovviamente, quei pochi maledetti, decisero per conto loro, organizzando la peggiore gita del millennio. Salisburgo, Mauthausen e Praga. Il tutto in 4 giorni! Ora, senza offesa per l'importanza dei posti, ma perché passare 3 dei 4 giorni sul pullman quando avevamo a disposizione una settimana? La gita venne organizzata e al momento del saldo (già, quella schifezza dovevo pure pagarla...) mandai affanculo tutti e dissi al mio professore di scienze (uno dei pochi insegnanti senza la sindrome dell'onnipotenza scolastica) che non sarei andato, né in gita, né a scuola. Fece un bel cenno di approvazione. Mi organizzai per farmi un po' di vela.

Avevo preso la patente nautica prima di quella della macchina e alla scuola vela dove avevo fatto il corso, mi avevano chiesto di fare qualche lezione di teoria e pratica. Ero rimasto in ottimi rapporti con la mia istruttrice, la quale aveva un Janneaux "Sangria" (un nome, un programma), una barca degli anni 80, ormeggiata in un grosso paese del Garda. Gliela chiesi in prestito per qualche giorno.

Organizzai la cosa in mezza giornata, spesa inclusa. L'idea era comunque di farmi dei giretti non troppo impegnativi con ritorno alla base la sera. Mi mancava però la compagnia. Grosso problema, in quanto la barca non era certo adatta ad un pubblico femminile, inoltre i miei amici erano a scuola o in gita!

Queste sono le situazioni dove dopo un attimo di smarrimento, ci viene in mente che ognuno conosce una persona mitica. O meglio, qualcuno che fa poche domande e difficilmente rifiuta. Nel mio caso si chiama "Lo Zio". Soprannome azzeccatissimo, proprio perché estremamente amichevole e generoso, nonché ospitale. Casa sua è sempre stato un fantastico porto di mare. Gente che va, gente che viene. Fantastico.

Il viaggio sarebbe stato di poche ore, ma diventò un'Odissea. Un suicida sui binari, tutti sul bus fino a Brescia, poi corriera verso il paesello. Arrivammo che era buio. E ovviamente non c'era in giro un anima. Era novembre, faceva un freddo becco, ci chiudemmo sottocoperta, accesi il fornello da campeggio con una pentola vuota per fare un po' di caldo. Lo Zio si occupò dell'impianto stereo e.. delle carte! Mi insegnò a giocare a Pinnacola. Fu la fine. Partite infinite, giocavamo con 5 mazzi, ogni superficie della dinette andava bene per appoggiare le carte. Il giorno dopo, mi accorsi che il motore non c'era. Sbarcato per riparazione. E non c'era nemmeno una fuoribordo di rispetto.

Poco male, la barca era ormeggiata ad una boa sul lungolago. Alzammo le vele, mollammo gli ormeggi. Dopo un ora, la barca era esattamente nella stessa posizione. Saldata al lago. Non c'era un alito di vento.

In compenso stava iniziando a piovere. Giù tutto, recuperammo le cime d'ormeggio e ci richiudemmo sottocoperta. Stereo, carte e risotto. Sembrava il grande fratello. In versione delirante. Non potete immaginare che discorsi possono generarsi a mettere due diciannovenni in una barca, chiusi per due giorni sottocoperta. Che risate. Si riscopre la bellezza delle cose semplici. Del parlare. Dell'ascoltare.

L'apice del delirio arrivò una sera buia e tempestosa.

La toilette della barca non funzionava e comunque non l'avremmo usata. C'erano un bel po' di bar vicino al lago.

Quella sera qualcosa andò storto. Non so il perché, ma verso le 23, gli spasmi si fecero incontrollabili. Non ci crederete, ma se vi capita di passare sul Garda una sera in settimana, quando piove e fa freddo, troverete un sacco di persone fare avanti ed indietro sul lungolago. Inoltre Lo Zio si oppose con veemenza alla mia proposta di usare i secchio con l'acqua nel bagno. "No caro mio, tu te lo scordi di passare in dinette con un secchio pieno di merda, col rischio di rovesciare tutto. Te ne vai fuori". Non ci fu modo di fargli cambiare idea.

Presi secchio, carta e ombrello e me ne andai a spasso cercando un angolo di pace.

Pioveva e c'era un buio pesto. La visibilità era scarsa. Dopo qualche minuto trovai un posto fantastico. Due enormi cipressi sembravano creare una piccola e buia grotta. Quasi asciutta, lontano da occhi indiscreti. Aspettai di non essere osservato e mi ci ficcai dentro. Me la sbrigai in un minuto scarso, e con fare innocente me ne andai verso il lago. Versai lo sgradevole contenuto in acqua, irritando non poco un grosso cigno che mi aveva scambiato per un generoso turista. Sciacquai il secchio una decina di volte, e me ne tornai a bordo con un bel sorriso di soddisfazione. "Un gioco da ragazzi! Anzi, se hai bisogno, vai li dietro che c'è un bel posticino tra due cipressi." Lo Zio annuì, diede uno sguardo. Aveva la faccia di uno che da li a poco sarebbe partito dalla barca con carta e secchio al seguito.

Invece ci rimettemmo a giocare a Pinnacola.

Il giorno dopo, mi arrivò un messaggio da una mia ex compagna di corso. Era Gardesana, e studiava proprio dove eravamo ormeggiati noi. La invitai a prendere un caffè in barca per l'intervallo, tanto il giardino della scuola era più o meno a 100 metri da noi. Verso le 10 e 40 arrivò con degli amici. Quattro chiacchiere, un caffè ed era già il momento di tornare in classe.

"Zio, dai che l'accompagniamo?" dissi.

"Ok, che almeno mi sgranchisco un po' le gambe", rispose lui.

Quanto mai. Nel frattempo aveva smesso di piovere.

Passai di fianco ai 2 cipressi e strizzai l'occhio allo Zio, che prima sbiancò, poi scoppiò in una risata convulsa. Non capivo.

Poi mi voltai.

Era il sagrato di una Chiesa. Avevo usato dei sacri cipressi come toilette.

La mia amica si voltò e disse: "che succede? Che c'è da ridere?". Ho rimosso dalla memoria la quantità di puttanate che dissi a quella povera ragazza, che mi guardava sempre più interrogativa, mentre Lo Zio si contorceva e tra un respiro e l'altro diceva "..la sacra merda...". Un imbarazzo bestiale.

Che raddoppiò non appena la ragazza mi indicò la sua scuola. La chiesa e i cipressi ne facevano parte integrante. Dalla padella alla brace. La situazione mi era decisamente sfuggita di mano. E lo Zio aveva delle convulsioni tali che perfino respirare gli risultava faticoso.

Salutai la ragazza, probabilmente con una faccia bordeaux, raccattai Lo Zio e me ne tornai a bordo.

Amen.

CAPITOLO 6: la pioggia di Ventotene

Estate del 2001. Dopo un fantastico capodanno con amici, decidemmo di replicarci con una vacanza estiva di 15 giorni in Corsica, in campeggio. Partenza 10 di Agosto. Organizziamo la cosa al meglio, biglietto, macchina. Tutto programmato, tutto pianificato. Fino alla telefonata di Giuddy.

"Ciao Fratello! Senti, i miei vogliono andare a Malta, e dovrei portare la barca a Messina. Ho 15 giorni di tempo. Organizziamo una crocierina?". Perché no. Tanto ero in vacanza. Sento un po' di amici, alla fine, l'unico con lo spirito giusto e la voglia, era il buon Zanna, giù reclutato per la Corsica Expedition di Agosto. Un mese di ferie insieme. Se non ci ammazziamo ci sposeremo! Contento come una pasqua per questa ulteriore gita marina, organizzammo i biglietti e le coincidenze per essere il 9 sera a La Spezia, i modo da essere recuperati dagli altri due ed imbarcarci sul traghetto per Bastia. Fu così che il 23 Luglio io e Zanna ci buttammo sul primo treno per Orbetello.

Giuddy ci venne a prendere alla stazione e sulla via per Cala Galera, ci disse che eravamo aumentati a quattro. C'era anche la sua nuova fiamma. So benissimo che la cosa l'aveva programmata anzitempo, e so bene anche perché ce l'ha tenuta nascosta, però ce ne fregava poco. Alla fine eravamo in barca, con in testa le Eolie, per due settimane.

Partimmo carichi come otri, direzione sud. Avevamo un solo divieto. Essendo la prima crociera di Giuddy senza padre, non ci era concesso navigare di notte.

Così nel primo pomeriggio partimmo e poco dopo arrivammo al Giglio. L'obbiettivo era di partire la mattina presto per raggiungere le Pontine ma il tempo non era dei migliori.

Facemmo quindi una sosta a Nettuno e il suo bellissimo porto, decisamente il più curioso, senza trappe e con dei micro pontiletti galleggianti per ogni singola barca. Molto molto bello. Non so per quale motivo, ma mi ricorda Port Grimaud.

Al termine di quell'estate, scoprimmo che fu la più brutta e piovosa degli ultimi 2000 anni. Il mio intestino stava alla grande, e a differenza dei corsi Caprerini, le ore dei pasti non erano serrate, anzi, direi del tutto fisiologiche. Di conseguenza, la mia pancia, non aveva un ritmo prevedibile. Il pomeriggio successivo arrivammo a Ventotene. Il porto Romano non lo prendemmo nemmeno in considerazione, e ci dirigemmo verso la baia ad est dell'isola. Ridossata, grande, comoda. Ma all'ingresso, trovammo una bella sorpresa. Un lungo pontile galleggiante pieno di barche si inoltrava nel centro della baia partendo dalla scogliera nord, tra l'altro, non descritto in alcun portolano[1] esistente. Giuddy pareva sapere e vedendomi dubbioso mi disse: " Ora tu stai buono e tranquillo, qualsiasi cosa succederà, tu non farai nulla e non dirai nulla". Il ragazzo sapeva il fatto suo. Promisi. Ma me ne pentii subito. Un individuo incominciò a sbraitare dicendo di ormeggiare la barca sul pontile. Come fosse un obbligo. Allibito vidi Giuddy andare verso il pontile. Ad un tratto un criminale senza senno saltò sulla barca, strappò il timone dalle mani del mio amico, due strilli, ormeggio finito e...mano aperta in segno di "mancia, grazie". Giuddy

---

[1] portolano: trattasi di manuali molto dettagliati dove si recuperano tutte le informazioni necessarie per gli approdi

gli scucii 50 euro, io a quel punto schizzai sottocoperta e incominciai ad urlare come un pazzo. Queste cose mi mandano in bestia.

Ma era solo l'inizio. Non nego di essere stato contento per qualche secondo di avere visto il pontile, poiché solitamente, ci sono anche dei comodi cessi. Sbagliato. Oltre alla mancia, alla spennata galattica per una misera notte sul pontiletto, non avevamo luce, acqua e nemmeno i servizi. Ciliegina sulla torta, iniziò a fare brutto. Uscimmo a cena fuori, visitammo l'incantevole Ventotene, i resti romani, il paese. Una perla. Peccato non essere riusciti a vedere l'ex carcere di S. Stefano. C'erano delle gite organizzate ed economiche, ma il tempo non era dalla nostra. Fu così che da una notte sola, dovemmo fermarci una seconda causa del maltempo. Il mio intestino pensò bene di svegliarsi proprio la sera prima di partire, dopo avere cenato in barca.

Era una notte buia, fuori c'era la tempesta. Ed io di cessi di bordo non ne volevo proprio sentire.

Ma sapevo il fatto mio questa volta. Dopo la tragica notte all'isola Piana, avevo trascorso un inverno a pensare se c'erano altre soluzioni, meno critiche e di più facile gestione. La soluzione del mio pensare si chiamava bugliolo. Un cazzo di secchio con acqua, utilizzabile come tazza da svuotare direttamente fuoribordo. Facile, pratico, immediato.

Fu una discussione infinita con Giuddy. Non ne voleva sapere. Arrivai a proporgli di ricomprargli il secchio, ed usare il suo solo per il mio nobile scopo. Dopo una lunga trattativa, acconsentì per il secchio, ma non all'utilizzo del bagno. Il terrore che dell'acqua contaminata potesse uscire dal secchio e investire il pagliolo lo mandava fuori di testa.

Così, presi il bugliolo. Fuori pioveva. E io avevo l'ombrello! Giuddy non riusciva proprio a capire del perché io mi ostinassi tanto a glissare il cesso di bordo, e quindi cercava una risposta nelle mie mosse. Mi sentivo osservato, alla fine, esausto dal sentire i suoi sogghigni, presi la ghigliottina, chiusi la barca (con loro 3 sottocoperta), aprii l'ombrello, misi il secchio al centro del pozzetto e mi sedetti in "riflessione". C'era solo una cosa che non capivo. Probabilmente era la notte più piovosa del secolo. Come mai tutti i turisti di Ventotene si erano dati appuntamento sul nostro pontile? La situazione era insostenibile. Pioveva copiosamente, Giuddy che cercava di spiarmi da qualsiasi pertugio possibile, io accucciato sul bugliolo con l'ombrello a mò di igloo e sul pontile decine di persone curiose. Mi bloccai. Era veramente una serata di merda. Liberai i prigionieri (quelli veri però!), mi ficcai una cerata e, armato di carta igienica, me ne andai a spasso per l'isola cercando un prato. Mentre mi allontanavo sentivo i 3 maledetti che se la ridevano come pazzi nel vedermi sotto l'acqua battente. Non dovetti scarpinare molto. Ad un centinaio di metri dal pontile, si inerpicava una collinetta piena di alberi. Fu un istante. Pochi passi, posto tranquillo, nessuno spione. Espletate le formalità intestinali (con un'altra "perfetta"...) me ne tornai verso Gitana con sguardo fiero e soddisfatto. Quando entrai in barca, Giuddy mi chiese se avessi rinunciato (dato che erano passati meno di 5 minuti), ma quando dissi che avevo fatto, smisero di ridere. Si resero conto che avevano di fronte un professionista. Poco dopo andammo a letto. Ma nella notti vidi Zanna armato di carta igienica uscire dalla barca. Anche lui iniziava ad credere che il cesso poteva essere un problema. Giuddy, invece, utilizzava alla perfezione la toilette di bordo. Quasi a dimostrazione della sua utilità, anche 2 volte al giorno. Penso fosse più che altro una mossa politica, per tranquillizzare la sua ragazza. Effettivamente la mia mancanza di pudore stava invadendo eccessivamente l'ambiente, e la ragazza iniziava a sentirsi spaesata. Perché va bene che ho dei complessi a cagare nel cesso di bordo, ma quantomeno potevo usarlo per orinare, invece di fare esibizionismi attaccato alla sartie. Sì, la barca tira fuori la bestia dentro gli esseri umani. E' solo questione di tempo.

CAPITOLO 7: il sequestro

La nostra crociera di avvicinamento a Messina procedeva tranquilla e rilassata. Spesso e volentieri toccavamo delle Marine, politica poco condivisa da me e Giuddy, ma la presenza di una donna a bordo (con me) richiedeva contatti più frequenti con la civiltà. Dopo le Pontine, la destinazione fu Ponza. Un ricordo bellissimo dei quell'isola. Gente di una cordialità disarmante. Per non parlare dei suoi vicoletti, le case colorate, il porticciolo e i ristorantini. Uno di quei posti che nella vita bisogna vedere. Mi piacque così tanto che non me la sentii di lasciare un segno del mio passaggio. Al di fuori di un bagno si intende. La tappa successiva fu Salerno. L'avvicinamento fu davvero particolare. La ragazza di Giuddy, portolano alla mano e molta conoscenza personale, ci faceva la cronaca dei posti della costiera Amalfitana. Positano, L'arcipelago di Li Galli e l'isola di Nureyev...posti ricchi di storia e di leggende. Fino all'arrivo a Salerno. Accolti da un groppo di pioggia e grandine. Fradici come pulcini, stanchi ed affamati, chiamammo la Lega Navale di Salerno. Nessuna risposta. Giuddy era socio e i soci hanno diritti al posto barca gratuito, se disponibile. La scena fu tragicomica. Entrando nel marina un energumeno ci invitò ad entrare e di andare dove c'era lui, sotto le bandiera della Lega Navale. Ci urlò di non preoccuparci che anche se non eravamo soci potevamo ormeggiare. Quando Giuddy gli disse che invece era socio, ci scacciò, e ci disse che era tutto pieno. "Provate al porto commerciale!". Ma ormai avevo imparato a non farmene una ragione. Fu così che ormeggiammo tra un cargo ed una petroliera, nel porto commerciale di Salerno. Fu la serata della Pizza. Era la prima volta che andavo in Campania. E quindi fu di rito la cena in pizzeria. Una cosa esagerata. Al di la della bellezza di Salerno, dei parchi, del lungomare e delle donne, una cena del genere non l'ho mai più apprezzata. Frittini, Pizza, Pasta Fritta, sorbetto e caffè...a 13 euro.

Facemmo una passeggiata per il centro, in mezzo a fiumane di ragazzi e ragazze. Ma la stanchezza si faceva sentire. Così tornammo verso il porto, e per la prima ed unica volta in vita mia, accadde che custode, ci accompagnò fino alla barca, si assicurò che entrassimo (con le chiavi), ci salutò, senza chiederci la mancia. Da applauso.

Il giorno dopo facemmo un tiratone verso Marina di Camerota. Giuddy c'era già stato, e la mattina iniziò con Cappuccino e brioche, anche loro, da standing-ovation. La giornata passò in fretta. Di fatto Marina di Camerota era il nostro porto di lancio per la traversata verso le Eolie. Quindi facemmo cambusa, acqua, rassettammo tutto il rassettabile e ci preparammo per una "mezza-notturna". Partenza alle 2 e arrivo di giorno a Panarea. Il meteo ancora una volta era poco estivo. Verso mezzanotte si vedevano lampi all'orizzonte, qualche passante ci disse di restarcene in porto. Giuddy non era tranquillo. Lo guardai, ci capimmo al volo. E poi volevo un altro cappuccino!

Passò un altro giorno di relax. Giuddy andò a fare un giro con la ragazza, mentre Zanna faceva ginnastica ed io mi godevo il sole coccolato da Gitana. Ero davvero al 100%. Ormai il secchio di Ventotene era un ricordo, ed il mio bioritmo si stava spostando sempre più verso la sera, che, guarda caso, ci vedeva sempre ormeggiati in attrezzatissime Marine. Finalmente il tempo si mise al bello, partimmo verso le 3 di notte, rotta su Stromboli. Il mare era un olio, facemmo tutta la navigazione a motore, incontrando di tutto. Prima un gruppo molto numeroso di tursiopi, alcuni dei quali, a parere mio, scappati da Gardaland. Non avevo mai visto delle evoluzioni simili da animali in cattività. Subito dopo fu la volta della Tartaruga. Quella era la prima volta per tutti. Due cose mi colpirono tremendamente. La puzza di quella maestosa bestia (un mix di pesce, alghe, mare, terra, bottarga) e il colore del mare. Fu in quella occasione che mi accorsi che era diventato blu. Ma quando dico blu, intendo proprio blu. Un Blu primario, da colore ad olio. Completamente diverso dal blu/nero della Liguria o toscana. Fatte ovviamente le 6000 fotografie di rito a delfini e tartaruga, continuammo a motore verso Stromboli. Tutto procedeva tranquillamente, neanche una nuvola . Eppure qualche tuono si sentiva...Era abbastanza evidente che una tempesta era in corso. Non molto lontano dalla barca. Non molto lontana da pozzetto. Davvero strano. Non erano passate neanche 12 ore dall'ultima evacuazione, eppure qualcuno (anzi, qualcosa) già premeva. "Ma dai, sarà aria...è impossibile che sai già il momento di andare in bagno". Gli scherzi del bioritmo sono davvero British... difatti ride solo lui! Questo sì che era un bel guaio. La barca navigava spedita per evitare di arrivare con il buio, tutto l'equipaggio era sveglio e sovreccitato dalle numerose bestie appena incontrate, profondità del mare intorno ai 790 metri... L'ennesima situazione critica. Girai la barca in lungo e in largo, cercando posti semi-nascosti o eventuali oggetti da riparare per non impensierire la ciurma della mia assenza. Ma ovviamente, su un 10 metri e mezzo, l'intimità non è proprio di casa. Ero davvero disperato. E la cosa più strana era la fretta impellente dell'estraneo di volere uscire...Fu così che preso dalla disperazione, scesi

sottocoperta, presi la ghigliottina[1] di Gitana (chiavi annesse), estrassi il "cesso portatile" (il bugliolo) e mi trasformai in un gerarca nazista, dal nulla...
"Allora, uno due e tre, sottocoperta immediatamente" Le facce dei tre erano davvero spaesate. "Scusa?" Fu la risposta di Giuddy. "Avete capito bene. Sottocoperta per 5 minuti. Devo cagare e non voglio curiosi intorno!"
Zanna scoppiò a ridere, Giuddy abbandonò la sua impettita figura di fidanzato perfetto ed iniziò a contorcersi dalle risate, mentre la sua compostissima donna era diventata di un colore molto simile a quello di un Setter Irlandese, come se fosse lei a vergognarsi. Non sapeva se fosse la solita battuta del sottoscritto, o se fosse una cosa seria. In realtà tutti stavano pensando che stessi scherzando. "Ragazzi, sono serio". Giuddy smise di ridere. "Ma dai cretino, basta con sta storia. Usa il bagno". Credo che in quel momento, Giuddy capì che era il caso di andare sottocoperta. Recuperò gli altri due e scesero senza fare troppe domande. Per sicurezza, chiusi a chiave la "porta di casa", bloccandola in modo da non poterla aprire da dentro. Idem coi boccaporti. Avevo appena sequestrato 3 innocenti. Ero diventato un malvivente. Atipico però. Il mio sequestro non era atto a "prendere", bensì a "dare"...di corpo! Presi il secchio, lo riempii e mi misi a prua. Sentivo Giuddy da sottocoperta (ormai s'era giocato la faccia con la donna) che rideva e cercava in tutti i modi di spiarmi. Mi chiedo ancora il perché di questo suo maledetto vizio. Cosa ci sarà di bello nel vedere uno al cesso? Bhè, arriviamo al dunque. Quella fu decisamente una delle più belle. Mi sembrava un po' di essere la signora

---

[1] ghigliottina: è un'asse di legno che funziona da porta, completamente smontabile, che si inserisce in due guide verticali, scorrendo proprio come una ghigliottina

della pubblicità della costa crociere. Lei nel suo bagno che immagina i tropici attorno a se e poi si risveglia in un grigissimo bagno cittadino. Io invece sapevo che non era un sogno. E mentre mi godevo il mio momento di intimità, il mio sguardo spaziava tra il blu intenso del tirreno meridionale, il cielo azzurro, lo sciabordio dell'acqua sul dritto di prua e una soffice brezza sulla faccia. "Eh sì...anche uno stronzo può essere romantico". Sarei rimasto su quel secchio un infinità, ma il caldo torrido mi fece ricordare che mentre io mi prodigavo nella mia prima cagata in navigazione, 3 poveri esseri umani si stavano disidratando sottocoperta. Svuotai il secchio fuori bordo e dopo averlo accuratamente disinfettato, liberai i prigionieri (quelli veri però!). La prima cosa che mi disse Giuddy fu: " Dov'è?" e io gli risposi indicando il secchio appeso a poppa. "No! L'hai già buttato fuoribordo?!" rispose lui. "Giuddy, ma sei imbecille? Mica li devo collezionare! Ovvio che l'ho buttato, e ho anche disinfettato il secchio!". Quando ribatté dicendomi "Però potevi farmelo vedere", realizzai che il processo di imbruttimento dell'Armatore di Gitana era ormai ad uno stadio irreversibile.

Intanto si sentì un altro tuono. "Sta volta io non centro!" dissi. Giuddy smontò la faccia da imbecille e tornò semiserio. "Tranquilli ragazzi. Non è il cielo che tuona. Ma è la terra! Guardate la!"

Stromboli arrivò in tutta la sua maestosa e terrificante forma. Per un istante mi sembrò di entrare in un fumetto di Walt Disney, con Zio Paperone che insegue Amelia sul suo vulcano. Ecco, se chiedete ad un bambino di disegnare un vulcano, inevitabilmente vi disegnerà Stromboli. Un perfetto cono nero, brontolone e imponente. Toglie il fiato. Benvenuti alle Eolie!

CAPITOLO 8: a spasso tra le Eolie

Ormai il grosso del viaggio era stato completato, e ci rimaneva ancora una settimana per scoprire le Eolie. Mi sentivo uno scolaretto in quell'arcipelago vulcanico. Da un lato ero sicuramente curioso di vedere, scoprire, navigare attorno a queste strane isole, dall'altro un po' ero intimorito. Era agosto, c'erano un sacco di barche. E alle Eolie i porti sono pochissimi, i ridossi ancora meno. Senza considerare che stavamo facendo lo slalom tra vulcani attivi! Zanna e la ragazza di Giuddy non sembravano darci molto peso, mentre noi due ascoltavamo 6 bollettini al giorno, sperando nel sereno e nella assenza di maestralate. Nel frattempo facevamo gli esploratori. Da fare indubbiamente il periplo di Stromboli di notte, per ammirare la sciara del fuoco. Ci si rende davvero conto che la natura è meglio rispettarla. Altra "must", la gita a Lipari a vedere le cave di pietra pomice abbandonate. Se non fossero i 40° all'ombra di quel periodo, avrei pensato di essere al polo nord. Tutto intorno ai pontili da carico e alle scogliere a picco, piccoli e grossi blocchi bianchi, molto simili ad iceberg, galleggiavano dappertutto. Peccato che invece siano sassi! Essendo estremamente porosa, la pietra pomice galleggia, ed è un bello shock vedere i sassi che cadono dalle pareti cascare a mare e...restare a galla! Altra gita obbligatoria, fu Vulcano. Ci passammo anche una notte. Andammo a terra a vedere le famose "vasche sulfuree", dove la gente si cosparge di fanghi vulcanici dalle, a detta di molti, benefiche proprietà. Evitai, non tanto per lo scetticismo del potere dei fanghi, ma la calca di gente che si radunava in quelle pozze, mi dava a pensare che "forse quei fanghi faranno anche bene, ma la gente lì dentro non è proprio il ritratto della salute, va a finire in pareggio!"

Mi limitai ad un salubre bagnetto nelle acque sulfuree della spiaggia di Vulcano, dove avevamo dato fondo a Gitana. Bellissimo. Tutte queste bollicine che escono dalla sabbia e ti massaggiano il corpo sono una bomba. Io però, come al solito, esagerai. Non so precisamente quanto tempo passai in acqua, ma dopo il risciacquo a bordo, notai un imbarazzante odore di uovo marcio provenire dal mio corpo. Diciamo pure che per tre giorni avevo il terrore di sfregarmi e potenzialmente incendiarmi in stile "cerino" a causa dello strato sulfureo che si era formato sulla mia pelle. Non ero sicuramente gradevole all'olfatto.

Ferragosto intanto si avvicinava. Decidemmo di tornare a Panarea per darci alla vita notturna. Non che io sia un amante della Night Life, ma una serata a fare casino in giro ogni 15 giorni direi che ci può stare.

Giuddy ovviamente non era d'accordo. O meglio, non aveva nessuna intenzione di venire in discoteca, sia per non lasciare incustodita Gitana, (alla fonda ad ovest di punta Torrione) sia per recuperare qualche punto "stima" con la fidanzata, assai contraria al divertimento "insano".

Decidemmo di farci la cena a bordo e il digestivo a terra, in modo che la barca restasse sola il meno possibile. Sbarcammo con il tender sulla spiaggia, dalla quale partiva un sentiero diretto alla zona est di Panarea, dove, diciamo, c'è la "vita". Il sole non era ancora tramontato, passeggiammo tra le viuzze strette e contorte dell'isola, vedendo ville, giardini, piscine...il lusso insomma, ma un lusso bello, mi tocca ammetterlo. Ma il processo di "innamoramento" di Panarea era solo all'inizio.

Ma veniamo ai fatti salienti.

Giuddy è un grandissimo cuoco. Grande amante, conoscitore e realizzatore della cucina romana. In particolare quella povera. Insomma, fa una amatriciana da 6 stelle sulla guida Michelin. E quella sera a Panarea, sarà stata la situazione, le miglia, la ragazza o chissà cosa, si scatenò ai fornelli. E quando si scatena oltre alla qualità, ci da dentro anche con la quantità! Penso di essermi sbranato almeno 3 piatti di quella roba pazzesca. Definirla pasta era riduttivo. Capite dunque il perché fosse necessaria la passeggiata digestiva in centro, con amaro annesso.

Dopo il tradizionalissimo Montenegro con ghiaccio, il viaggio di ritorno fu ancora più piacevole. Come sapienti caprette ci arrampicavamo tra le contorte viuzze dell'isola, in direzione "Caletta Zimmari", mentre il sole pian piano spariva all'orizzonte e le "Maracas" iniziavano lentamente a suonare nei miei intestini.

La situazione era perfetta. Il buio ormai era alle porte, la spiaggia deserta vicina e il mio intestino svizzero aveva già deciso di scatenarsi a breve. Sì sì sì...Panarea meritava decisamente un segno del mio passaggio. Nel frattempo eravamo rientrati a bordo. Il buio però, tardava. Il sole era sceso già da parecchio ma la luce ancora avvolgeva tutto.

Fretta non c'era, dato che l'appuntamento con i ragazzi della barca di amici incontrata al pomeriggio era verso le 23.

Bisognava però spiegarlo al mio duodeno. Era necessaria l'oscurità. Essendomi già docciato e stirato (inoltre l'acqua iniziava a scarseggiare) non potevo mica farmi un bagno-evaquazione! Senza considerare che la baia era bella piena!

Il tempo passava. Ma la mia digestione era decisamente più veloce del buio. Iniziai a sudare freddo. La situazione dell'Isola Piana si stava riproponendo, e l'emulazione ormai mi pareva inevitabile. Trovai i peggio diversivi per distrarmi, cercando di guadagnare tempo. Alla fine fui premiato. Misi a punto un piano infallibile. Partendo dal presupposto che il tender era senza motore e che non avevamo barche sottovento, la mossa fu istantanea. Brache calate e chiappe a sbalzo sulla paratia del gommone (quella dove si avvita il fuoribordo, per intenderci), senza professare parola con niente e nessuno, in modo da non scatenare gli istinti da spia di Giuddy e soprattutto, per non attirare l'attenzione delle barche vicine. Bhè, vi descrivo la situazione. Brezzolina rinfrescante, temperatura perfetta, stellata infinita, decine di luci di fonda delle barche a vela in rada, acqua piatta e leggerissimo sciabordio delle onde sul gommone. Il tutto immerso in un surreale silenzio, interrotto solo da qualche risata o rumore di posate e piatti in lontananza. Certo che il caso a volte fa delle combinazioni pazzesche. Quella sera pensai al "Tao", della cultura orientale. Sì, al simbolo che definisce il tutto come l'unione tra bene e male. Ma nel bene c'è un po' di male e viceversa. Questo non per dire che cagare sia male, ma che fa sicuramente strano godersi una delle più belle serate della vita intenti a espletare formalità intestinali. Ho un ricordo di pace incredibile di quei pochi minuti sul tender. Già. Pochi minuti. Perché dovevo capire che quella situazione surreale non era altro che la famosa "calma prima della tempesta". Sentì chiaramente la porta del bagno di Gitana chiudersi. E la voce di Giuddy, ovattata tra le paratie della barca: "Ma dov'è la carta da culo?"

Il mio pensiero fu fulmineo: "Porca troia! S'è accorto!"

E poi: "Ma non è che quello la è fuori a cagare?"

Io: "Porca puttana!"

Lui: "Zanna, passami la torcia che do un'occhiata fuori a vedere cosa sta combinando quello la!"

Zanna: "Aspetta che vengo anche io!"

Io: "(è il caso di non dirlo). Sono nella merda...in tutti i sensi!"

Fu così che quel grandissimo bastardo di Giuddy alla fine ce la fece. Nel mezzo all'oscurità fui investito da un raggio di luce bianca stile "polizia, accosti", seguito dalla risata di Giuddy, Zanna, e tutte le barche nei paraggi. Un figura di merda colossale. E la cosa peggiore è che non avevo nemmeno finito. Mi è toccato rimanere in quella posizione, illuminato e deriso fino a lavoro ultimato.

"Adesso fai il bravo e spegni quel faretto, vero Giuddy?" gli dissi.

"Ma stai scherzando, adesso viene il bello!" mi rispose.

Il mio tono di voce cambio giusto un pochetto e all'urlo di "Se non spegni quel cazzo di faro ti scuoio e con la pelle mi ci pulisco", tornò il buio. Lo scherzo è bello se dura poco. Ma il putiferio era partito. La gente se ne stava sui pulpiti di poppa con le torcette portatili cercando di vedere il "povero scemo che caga dal gommone". Che figura di merda!

Terminai l'operazione il più in fretta possibile, tornai su gitana pronto a squartare Giuddy, che saggiamente s'era chiuso nel bagno. "Ma io mi chiedo che cazzo ci troverai nel guardare la gente che caga!". Lui era in preda ad un attacco di risata indemoniato. E chi non lo sarebbe stato? L'unica cosa che disse fu : " Aò, sei te che non la vuoi fare in bagno. Quindi te becchi dritti e rovesci della scelta! E comunque questa bisogna raccontarla, spettacolare!"

Detto fatto.

Dopo una collettiva risata generale, salutammo i due piccioncini e scendemmo con il tender a terra. La nostra serata "in" stava per iniziare. Ma paradossalmente, la cosa che più mi colpì e che rimarrà per sempre nei miei ricordi, non fu il Raya e le sue centinaia di persone che ballavano indemoniate, ma la camminata dalla spiaggia alla discoteca. Non so se si tratta di una direttiva comunale, ma notai che tutte le ville di Panarea presentano una illuminazione davvero minimalista. Poche soffuse luci, verdi, blu, fioche ma abbastanza intense da illuminare i viali di ingresso. Perfino le strade hanno la stessa illuminazione. Il risultato è che l'inquinamento luminoso dell'isola è pari a zero e il risultato è strepitoso. Si cammina tra le case immersi tra miliardi di stelle, tanto brillanti che quasi si toccano. Un bel contrasto. Questo sì che è costruire con intelligenza. Questa sì che è integrazione con l'ambiente circostante. L'unico rammarico è stato il fatto di non avere scattato nemmeno una fotografia. Ma è un ottima scusa per tornarci!

CAPITOLO 9: il CacoTeam

La vacanza delle Eolie era ormai un lontano e piacevole ricordo. L'amicizia con Giuddy era sempre più consolidata, complice anche il fatto che aveva cambiato fidanzata, la quale era decisamente più brillante e alla mano.

Di crociere così lunghe non ne avevamo più fatte, vuoi per i corsi a Caprera (nel frattempo eravamo diventati istruttori), vuoi per questioni di tempo. Giuddy è pur sempre una persona posata (quando non ci sono io nei paraggi) e a differenza mia, prendeva l'università davvero sul serio. Io preferivo impegnare il mio tempo in attività veliche, possibilmente intense. Regate, allenamenti, skipperaggi. Iniziavo a chiedermi se la vela potesse in qualche modo farmi mangiare. Ancora ci spero. Fu così che per i tre anni successivi, grazie alla vela, iniziai a viaggiare. Spagna, Svizzera, Croazia, Francia, Germania, Canada, quasi tutta l'Italia. Impegnativo ma davvero stupendo. A volte, addirittura, mi pagavano per farlo.

Nel frattempo tante cose erano cambiate. Da qualche anno ormai mi dedicavo abitualmente al charter, soprattutto in bassa stagione, spesso con ex allievi della scuola di Caprera. Raduni o mini crociere, prezzi modici, barche comode, cambuse galattiche.

Divertente, certo, ma non sono mai riuscito a considerarle pienamente delle vacanze. Fu così che, nel 2006, proposi a due cari amici (e rispettive consorti) una crociera a Giugno, in Costa Smeralda. Un po' sportiva come prima volta per loro, ma sicuramente il posto che meglio conosco. Tutto sommato, trattandosi di vere e proprie ferie, volevo essere tranquillo anche io. Pianificammo il tutto. Voli, pulmino, cambusa (non finirò mai di ringraziare Er Bresaola per la sua gentilezza!). La situazione era davvero simpatica. Per la prima volta vivevo le tipiche situazioni charteristiche con degli amici "veri" e quindi, in parte, riuscivo a capirli. Le ragazze mostravano una certa preoccupazione essendo la prima volta che salivano su una barca a vela. I ragazzi, invece, la mascheravano, o forse semplicemente, si fidavano di me. Fu così, che dopo diversi anni, riprovai l'ebbrezza e la gioia dell'attesa, della vacanza. Me ne ero quasi dimenticato, assuefatto ormai dall'essere sempre a spasso. C'era entusiasmo ed elettricità nell'aria, non stavamo più nella pelle all'idea di salire in barca. Loro per vederla, io per vedere loro e le loro reazioni.

Quando la videro, ormeggiata, sgranarono gli occhi. Quindici metri in acqua sembrano molti di più che a terra. E le fotografie non danno la stessa resa. Finalmente feci salire la truppa sulla barca, e mentre sistemavano al cambusa, iniziarono i primi segnali di preoccupazione. Il primo fu Jerod. "Ma si muove! Tantissimo". Da sottolineare che la barca era ormeggiata in banchina, anzi, rivettata al mare, con l'anemometro[1] che segnava 1.2 nodi di vento. Un po' li invidiavo, perché erano anni ormai che il mio fisico non assorbiva certe oscillazioni ed effettivamente non li comprendevo appieno. Poi toccò a Lucky. Tutto si era ribaltato. Anche le ragazze avevano sentito un lieve rollio, ma l'avevano messa sul ridere. I ragazzi, invece, avevano lo sguardo un po' serio. "State tranquilli. Tutto nella norma". Non si trattava della solita frase di circostanza. Negli anni per mare mi ero reso conto di una cosa: Chi ha il pane non ha i denti.

---

[1] anemometro: strumento per la misurazione del vento

Incredibilmente, le persone che abitano lontano dal mare (e il mio equipaggio era un mix di bergamaschi e bresciani) non solo si innamorano totalmente della vela (ancora devo conoscerlo uno che non vorrebbe rifarsi una crociera in barca), ma hanno uno stomaco in grado di resistere alle peggiori situazioni meteo. E la conferma non tardò ad arrivare. Partimmo immediatamente alla volta di Caprera, per fare un bagnetto alla spiaggia del Relitto. Le ragazze, ovviamente, si stavano incremando con le peggio sostanze cosmetiche esistenti in commercio, argomentando sulle classiche credenze popolari..."non ho bevuto nulla" - "ho preso il travelgum"-" ho i braccialetti "-"io ho quella della Breil"... Jerod e Lucky invece se ne stavano dietro di me, attaccati al paterazzo[1], cercando di capire cosa stessi facendo. Erano un po' straniti. Si vedeva che avevano una gran voglia di fare, ma non azzardavano a chiedere. Alla fine stavamo andando a motore, non è che c'era sto gran che da fare. A quel punto agii. Ormai era passato abbastanza tempo (mezz'ora) per rompere il ghiaccio. Anzi. Liberarsi totalmente del pudore. La spiaggia all'Elba, tutto sommato, era abbastanza grande per accogliere anche quello dei miei due grossi amici.

"Lucky, piglia il timone e vai dritto". Sgranò gli occhi, ma era quello che voleva sentirsi dire. E sapevo che non serviva dire nient'altro. Si trattava di ragazzi svegli, era inutile spiegare quello che avevano già visto fare al sottoscritto. Nel mentre i due bestioni se la ridevano, le ragazze avevano interrotto il gossip-violento-tipico-femminile, e mi seguivano con lo sguardo interrogativo, dirigermi sottocoperta. "Ma c'è da fidarsi?" sentii da fuori. La scena successiva fu la seguente. Io che me ne uscivo dal tambuccio con 3

---

[1] paterazzo: cavo posteriore che sostiene l'albero

birre ghiacciate. Fine dei giochi. Dopo 30 minuti imbarazzo, le cose erano ormai delineate. Le ragazze avevano perso la speranza di avere i propri ometti al guinzaglio, mentre i ragazzi avevano chiaramente capito che la vita di bordo presenta delle notevoli similitudini con le abominevoli serate tra uomini. Solo che durava 7 giorni! Non è una cosa che si può fare sempre. Ci vogliono le persone giuste, il grado di amicizia deve essere notevole. Senno finisce ad urloni e litigate tra le coppie. Ovviamente, la mia selezione, era stata perfetta. La prima cassa di birre (48 circa) durò tre giorni. Ed io ero quello che si conteneva di più. Altro che "liquidi portano al mal di mare": quei due bestioni dopo un'ora s'erano fatti un tale piede marino che neanche un orso polare su un iceberg poteva competergli. E la cosa peggiorò quando scoprirono che il loro fisico non subiva il minimo disequilibrio scendendo sottocoperta in navigazione. Finimmo a fare aperitivi ogni 10 minuti circa. Anche le ragazze alla fine si lasciarono andare. Ma solo al Vermentino serale pre-cena.

Ma torniamo al primo giorno, al sottoscritto che se ne esce con tre birre. Il boato di approvazione fu mostruoso, Lucky se la rideva di gusto, Jerod si sfregava le mani. Mi sedetti a poppa, brindammo e poco dopo LaBionda (la ragazza di Jerod) mi chiese se poteva usare il bagno in navigazione. Ovviamente, avevo speso 30 minuti dell'ora precedente spiegando al mio equipaggio, l'uso del bagno, responsabilizzando ogni coppia al proprio cesso. In pratica della chiusura delle valvole ci pensavano loro. "Certo che sì", gli risposi. "Ricordati di non buttarci la carta, mi raccomando". Annuì con tranquillità. Erano circa 3 mesi che gli rompevo le scatole sulla carta igienica in barca. Appena LaBionda sparì sottocoperta, Jerod mi mise un braccio sulle spalle, si avvicinò al mio orecchio e disse: "tu lo sai che io non cagherò mai dentro quell'affare minuscolo? E' un problema se mi faccio un giretto a terra alla mattina?". Mi girai e diedi un bacio sulla fronte al buon Jerod. Ero commosso. "Ovviamente verrò anche io" disse Lucky, che nonostante l'aria concentrata al timone, stava ascoltando attentamente. Capii che la tensione iniziale non era dovuta alla barca, ma a trovare il modo di dirmi che il bagno non lo volevano usare. Che carini, pensavano di ferirmi e volevano cercare le parole giuste. La mia lezione sulla tazza, evidentemente, era stata più convincente del solito. La nostra amicizia ne uscì rafforzata quando gli confessai che erano 7 anni che non cagavo più a bordo. Il caco team era fondato. E la navigazione verso cala del Relitto era quasi terminata.

Per coloro che non hanno mai navigato in Costa Smeralda, ho un solo consiglio da dare: fatelo, il prima possibile, soprattutto in bassa stagione. Giugno, poi, è il mese ideale. Mi piace definire l'Arcipelago della Maddalena come "Il periodo rosa del Padreterno". Non aspettatevi spiagge caraibiche con palme da cocco lunghe centinaia di metri. O foreste sottomarine popolate di ogni ben di dio stile Mar Rosso. Anzi, fate una cosa: non immaginatelo nemmeno. Tanto vi smerderà. E questo piacevole scherzo ve lo farà ogni volta visiterete un posto nuovo.

Cala del Relitto è situata a sud est di Caprera, vicino all'isola della Pecora. Una piscina naturale, con sabbia bianca e fine. Nel mezzo, si vedono ancora i resti di un vecchio peschereccio affondato molti anni fa. E' molto frequentata dai turisti, ma in bassa stagione potreste avere la fortuna di essere gli unici alla fonda.

Quel giorno fummo fortunati. Arrivammo a gettare l'ancora a meno di 50 metri dalla spiaggia. Fu un altro momento indimenticabile. Di solito, infatti, la gente è abituata ad avere la visuale ribaltata quando è al mare. Ovvero, è in spiaggia e guarda il mare. E quando fa il bagno, va verso il largo. Io avevo 5 persone del tutto nuove alla navigazione. E' sempre emozionante assistere alle "prime volte" degli amici. Gli gettai in acqua, alla fine era quello che mi stavano ripetendo da mesi! Immediatamente nuotarono verso la spiaggia. Si comportavano esattamente come nelle loro abituali ferie, solo che facevano tutto alla rovesciata. Ma a parte LaRossa (che aveva la mania dell'esplorazione terrestre), fu un episodio sporadico. Capirono subito che nuotare vicino alla barca e lontano dalle persone è decisamente meno faticoso è più rilassante.

Proseguimmo poi verso Porto Palma, dove ormeggiai il Bavaria 50 alla grossa boa di metallo nella parte nord della baia. L'andazzo era decisamente ideale. Pasti sontuosi, alcool a fiumi, robusti aperitivi.

Il fatto più disarmante, però, era la velocità del mio equipaggio nell'ambientarsi. Difatti la sera stessa Jerod fece un uscita che si sarebbe ripetuta ogni volta che si saremmo seduti a tavola.

Durante la colazione chiedeva cosa ci sarebbe stato a pranzo, a pranzo cosa avrei cucinato per cena e a cena il menù del giorno dopo. Le sue giornate erano scandite dall'attesa del pasto successivo. Evidentemente il sapere che non sarebbe morto di fame lo rilassava. A me la cosa un filo stressava invece, dato che mi ero auto-eletto a cuoco di bordo. Pensare con largo anticipo a quello che avrei dovuto cucinare mentre ancora non avevo finito di mangiare quello che avevo appena cotto, mi metteva un po' di ansia. Però, tutto sommato, mi faceva tenere d'occhio con attenzione cambusa e frigorifero.

Lucky invece era più taciturno. Mangiava come un maceratore e beveva come un idrovora dei pompieri. In una settimana non ha ingurgitato nulla che non avesse almeno 4 gradi.

Le ragazze, disperate, prendevano il sole e si rilassavano, senza dare troppo peso agli usi e costumi dei loro uomini.

Ma il vero tormentone della settima non era l'ansia da cibo di Jerod. Ma il nostro sincronizzatissimo colon.

Sveglia alle 8, colazione ore 9. Alle 9.30, uno sguardo.

Ognuno col suo rotolo sottobraccio, saltavamo sul gommone. Poi a terra, ci davamo alla macchia.
Qualche minuto dopo, bagnetto rigenerativo. Recuperavamo armi e bagagli ed il CacoTeam tornava a bordo. Ore 10.20 si salpava.

Ore 10.30, birra.

Dio esiste.

Ed è velista.

CAPITOLO 10: l'arcipelago della Maddalena

Il miglior metodo per visitare l'Arcipelago della Maddalena è dividere tutti possibili approdi in due grosse categorie. Quelle ridossate dal Ponente e quelle riparate dal Levante. Per la particolare posizione delle isole, i venti che spirano in quelle acque si allineano o da ovest o da est. E' molto importante quindi tenere sott'occhio il meteo, per organizzare il tour alla perfezione.

Il grosso problema resta il Padrone di Casa, meglio conosciuto come il Ponente.

Diventa fondamentale spingersi il più ad est possibile quando c'è levante, arrivando fino a Bonifacio, per poi tornare alla base nel caso entri Maestrale a favore di vento.

Potrebbe essere al quanto sgradevole dover levare le tende nel mezzo della notte per l'arrivo di vento forte e terra sottovento. La regola generale è, previsioni alla mano, passare la notte col vento da terra, meglio se con una cima in trazione e l'ancora non in forza.

Il nostro meteo era davvero perfetto quella settimana. Eravamo arrivati di sabato, mentre il Ponente finiva di soffiare. Per sei giorni si prevedeva levantino leggero.

Passammo la prima notte a Porto Palma, che considero la cassaforte dell'arcipelago. E' una baia molto grande, con fondale di sabbia ed alghe, ridossato da tutti i venti escluso quello da sud. Senza considerare la quantità di baiette, anfratti e spiaggette idilliache sparse per il suo perimetro.

Ad ovest e a nord della baia ci sono gli insediamenti della scuola vela, mentre ad est i fondali sono più bassi, con parecchie spiagge, con vegetazione fitta e poca gente.

Come già anticipato, dopo la ricca colazione, il CacoTeam s'era già radunato sul minuscolo tender per la giornaliera gita a terra. Appena giunti sulla spiaggia, come allegre caprette ci arrampicammo tra i graniti di Porto Palma, disperdendoci e sparendo alla vista. Noi, però, dalle nostre toilette naturali avevamo uno spettacolo unico. Con il sole alle spalle e rivolti verso la barca, potevamo ammirare i contrastanti colori di Caprera, le sue infinite sfumature di verde, azzurro, rosa e blu. Sarà anche selvaggio e poco fine, ma è sicuramente mille volte meglio cagare ammirando uno spettacolo del genere che farla su una tazza ammirando le blande sfumature delle ceramiche del bagno di casa!

Ripartimmo al solito orario e, dopo la tradizionale prima birra mattutina, ci fermammo a Cala di Villamarina, a sud si Santo Stefano. Bagnetto veloce, visita alla cava di granito e di nuovo in barca, per raggiungere Cala Corsara a Spargi.

Il mio equipaggio era già rimasto senza fiato svariate volte, alla vista delle baie dell'arcipelago, ma all'arrivo nelle acque di Cala Corsara il rischio di infarto fu altino. Bisogna sicuramente fare molta attenzione nello scegliere il posto ideale per dare fondo, a causa dei numerosi scogli affioranti, ma il panorama che offre quel posto, fa svanire ogni preoccupazione. I colori del mare sono intensi e dalle mille sfumature, i graniti esposti agli agenti atmosferici, invece, assumono le forme più straordinarie. La famosa strega, il bulldog e lo stivale sono i più noti scogli della baia, ma la fantasia si scatena dando nomi e forme a tutti i sassi sui quali lo sguardo si pone.

Avevo in programma di passare la notte a Cala Francese, quindi passammo tutto il pomeriggio a Spargi, ammirando in religioso silenzio il mutare dei colori ad ogni minimo cambio di luce.

Essendo così bella e particolare, Cala Corsara è decisamente inflazionata. Nonostante fosse giugno, già molti barconi con turisti arrivavano ad intervalli di poche ore, riversando il loro carico sulla spiaggia della baia, dove le sapienti guide del parco illustravano la storia dell'isola. Oltre agli insediamenti militari, Spargi è famosa per il ritrovamento di una nave da carico romana. Il museo coi reperti si trova a La Maddalena.

Percorremmo le poche miglia che ci separavano da Cala Francese, dove trascorsi una notte orrenda. C'erano parecchie barche nella baia, il vento continuava a girare, ma era molto debole. Si rischiava di andare a sbattere. Ne avevo fatte di notte in pozzetto, ma era la prima volta che mi capitava a causa del poco vento! Di solito è il contrario!

CAPITOLO 11: la Polinesia lasciala la..!

Poco dopo l'alba Jerod si svegliò. Era sempre il più mattiniero. Ci facemmo un primo caffè, per poi raddoppiare insieme a Lucky verso le 8.30.
Nonostante la notte travagliata, un'ora dopo ero sul tender con i due orsi. Via, alla scoperta delle frasche di Cala Francese. Avevo già avuto modo di "dare" tra quei cespugli, così decisi di cambiare angolazione. Nel mio esplorare trovai una curiosa formazione rocciosa sotto ad un ginepro. Due speroni di granito, sapientemente levigati da Eolo, avevano dato origine ad una curiosa sella forata. Una tazza del cesso perfetta. Piatta, comoda e soprattutto, nascosta. Di una comodità incredibile. Quando ci tornerò, oltre a fotografarla, prenderò le misure per farne una riproduzione. Un business assicurato!

Partimmo alla volta di Budelli. Il ponente stava dando l'ultimo sbuffo, navigavamo a vela con tutta tela a riva. Il mio equipaggio si esaltò a tal punto che si rifiutava di usare i comodi winches[1] elettrici...in virata. Le ragazze un po' sul chi-va-là, ma Lucky e Jerod erano diventati due grinder[2] di Coppa America. Poi capii il perché di tutto quell'impegno fisico. Era la scusa perfetta per giustificare le tonnellate di cibo che ingollavano!

Nel frattempo stavamo arrivando alla baia più famosa della Sardegna. La spiaggia Rosa. Da anni è vietata la discesa a terra, tranne che con guide prenotate con

---

[1] winches: verricelli meccanici che svolgono la funzione di mettere in forza le cime

[2] grinder: ruolo all'interno di una imbarcazioni da regata che svolge la funzione di motore umano. Spesso ricoperto da muscolosi energumeni, ruotano velocemente delle maniglie collegate meccanicamente ai winches.

largo anticipo. Passammo radenti alla spiaggia. Jerod era in preda al delirio cromatico più sfrenato. S'era impossessato del binocolo e si stava rendendo conto che il rosa che vedeva non erano teli o opere artificiali, ma la sabbia unica di quella baia. Mi ricordo che da piccolo il suo colore era ancora più definito e forte; via via negli anni a causa del turismo incontrollato (la gente si è portata via un po' di sabbia come ricordo!) il rosa era sparito, lasciando spazio ad un classico bianco. Ora, grazie al lavoro di tutela del parco, la spiaggia sta riacquistando il suo antico colore, causato da un particolare protozoo che vive nella sua sabbia.

Poggiammo in direzione Cala di Santa Maria. Appena dato fondo, LaMora mi chiamò preoccupata da sottocoperta. Il pagliolato[1] della sua cabina era totalmente fradicio. Alzai i legni e vidi la sentina completamente piena di acqua...dolce. Il mistero fu risolto aprendo la porta del bagno. Uno confezione di shampoo era volata durante la navigazione e, sfiga pazzesca, aveva colpito la leva del rubinetto, aprendolo. Pollo io che non avevo spento l'autoclave. Altra lezione di vitale importanza. Anche se si tratta di poche miglia, mai sottovalutare la sfiga. Da quel momento, autoclave sempre spenta. Si accende solo se serve. Eravamo però senza un goccio d'acqua. Mi presi comodamente il pomeriggio per decidere sul da farsi. LaMora, nel mentre, era tornata in coperta, dove insieme gli altri cercavano di trovare un motivo al loro ulteriore stupore. Pensavano che, vista la Spiaggia Rosa, tutto il resto sarebbe stato noioso. Bhè, benvenuto in arcipelago!

Poco dopo erano tutti in acqua, con maschera e pinne, immersi tra centinaia di Occhiate curiose e coraggiose.

---

[1] pagliolato: è il pavimento interno delle barche.

La temperatura dell'acqua era scesa di qualche grado. Chiaramente le correnti che colpiscono le tre isolette (le più a nord) genera un riciclo maggiore, rendendola più fredda ma molto più limpida e trasparente. Sembrava di avere navigato fino ad un altro continente, eppure le due isole distano meno di 2 miglia!

Decidemmo di fermarci a pranzare. Ricordo bene quelle mezze penne con cotto e panna. E la sua pentola. Come usavo fare da diversi anni, l'avevo legata per un manico per poi buttarla in acqua, in modo da farla pulire ai pesci.

Chissà perché, ma ogni volta che lo faccio accade sempre qualche cosa di esilarante.

Le ragazze stavano lavando i piatti, e chiesero di avere la pentola. La recuperammo, ma non appena sciolsi il nodo, la urtai e precipitò a 9 metri di profondità!

Fortunatamente il fondo sabbioso e l'acqua limpida la rendevano ben visibile. Presi il necessario per il bagno di recupero. Non appena mi buttai, un barcone di turisti si accostò a noi, ormeggiando ad una delle boe del parco. Sembravamo l'attrazione della baia! Le ragazze salutavano i turisti armati di fotocamere, cineprese, cellulari, come delle dive di fronte a centinaia di paparazzi. Ma i turisti erano più che altro incuriositi nel vedere due bestioni in costume con lo sguardo fisso verso l'acqua, telecamera in mano, a poppa della barca. Mentre nuotavo verso il fondo, pensai a qualche cazzata da fare non appena fossi riemerso. La prima cosa che mi venne in mente, fu di usare la pentola a mo' di Coppa dei Campioni. Appena la recuperai, mi rivolsi verso la superficie gesticolando in modo "vittorioso". Lucky capì al volo, e mentre risalivo lentamente, sentivo lui che canticchiava la colonna sonora della UEFA Champions League, mentre Jerod rideva. Emersi con la pentola tra le mani stese verso l'alto, mentre Lucky, da vero milanista, gridava: "Alzala Paolo, alzala!!" (storica frase di Pelleggatti alla vittoria del Milan in Champions nel 2007). Io gridavo come se quella coppa l'avessi vinta davvero.

Ad un tratto, un fragore attirò la nostra attenzione. Tutto il barcone, s'era messo ad applaudirci. O avevano apprezzato la scena, oppure stavano cercando di attirare l'attenzione delle nostre tre sirene in bikini a prua. O forse, erano semplicemente tutti milanisti in vacanza!

Un secondo dopo eravamo abbracciati, in pieno delirio calcistico, rivolti verso i turisti che ci stavano fotografando. Già ci vedevamo in prima pagina sulla Gazzetta dello Sport. Rinsavimmo, salutammo e levammo le tende. Ancora una volta, c'eravamo fatti riconoscere.

Il vento era salito un po' sempre da nord - ovest. Presi la decisione di tornare a Porto Palma per passare la notte al pontile della scuola, in modo da fare il pieno di acqua. Così, facemmo rotta verso Caprera, passando da nord. Bisogna fare molta attenzione, perché a nord dell'isola c'è una maledetta secca, pericolosa e nascosta. Quindi, meglio navigare molto lontani dalla costa.

Appena giunti sul lato est, il vento diminuì, tanto da dovere proseguire a motore. Le alte montagne creano un ridosso incredibile, ma tra un rilievo e l'altro, il vento si incanala brutalmente, accelerando, arrivando al mare sotto forma di violente raffiche catabatiche.

Nel mentre il mio equipaggio ammirava le vette di Caprera, brulle e selvagge, iniziai a prepararli a quello che avrebbero visto di lì a poco. La nostra prossima tappa era, infatti, Cala Coticcio.

Situata nella parte est dell'isola di Garibaldi, la considero in assoluto la mia baia preferita. Piccolissima, formata da due spiagge, di una bellezza indescrivibile. Ci si può arrivare anche a piedi, dopo 45 minuti di scarpinata nella macchia mediterranea.

Arrivammo dopo un oretta. Dopo una buona mezz'ora per ancorare la barca in un posto sicuro, riparato dalle forti raffiche, osservai i miei amici abbastanza perplessi. Dalla posizione dove eravamo, infatti, le due spiagge non si vedevano. Andammo a terra in due scaglioni, per non lasciare la barca deserta. Rimasero letteralmente a bocca aperta. Peccato che c'erano una decina di persone sulla piccola spiaggia, il che la faceva appariva affollata. Ma la forma, l'acqua, i colori e il granito fanno piacevolmente passare in secondo piano i turisti. Jerod non voleva più andare via. Stava seriamente pensando di trasferirsi in una delle decine di grotte che attorniano la baia.

Se ne uscì con uno dei suoi tipici exploit: "Oter che Polinesia! Ma va a cagà Bora-bora!" (trad: altro che Polinesia! Ma vai a cag....e Bora-bora!).

Ancora meglio fu la scena con le ragazze. Girava qualche nuvola nel cielo e, nel tragitto dalla barca alla spiaggia, un grosso e bianco cumulo aveva oscurato il sole. La baia, quindi, appariva grigia e "normale". Titubando un po', entrarono in acqua, ma appena questa arrivò ai fianchi, il sole scartò la nuvola e, in una esplosione di luce, Cala Coticcio incominciò a colorarsi, in tutto il suo splendore. Come in una animazione della Disney, la baia si mostrò alle tre sirenette in tutta la sua infinita bellezza. Il cuore si riempie come un boccale di birra. Con tanto di schiuma.

CAPITOLO 12: ma chi ci ammazza?

Dopo avere lasciato Cala Coticcio, il nostro viaggio proseguì verso Porto Palma. La mattina dopo, chiesi al Capo base se fosse stato possibile usare i servizi della base. Fu così che il CacoTeam scese a terra non solo col rotolino di carta, ma anche il beauty-case completo al 100%.

Doccia, barba e regolare pit-stop al cesso. Che nella fattispecie è un turca. Lucky e Jerod rimasero esaltati dal sistema "igienico" di quei bagni. Difatti dal muro, esce un tubicino di rame regolabile, con tanto di rubinetto. Un bidè artigianale, ma molto efficace. L'ho visto solo lì.

Quindi ripartimmo, alla volta di un altro angolo di paradiso. Dopo Cala Coticcio, mantenere il livello alto era arduo. Ma l'arcipelago ha tanti posti spettacolari, che non tradiscono mai le aspettative. Ce ne sono davvero per tutti i gusti. Feci rotta verso la parte ovest di Budelli, per poi accostare ad est ed infilarmi tra l'isola e Razzoli. Quel canale porta direttamente ad una piscina naturale, meglio conosciuta come "Porto della Madonna"; oltre ad un nome, è anche la tipica espressione fonetica che la gente normalmente emette alla vista di quell'angolo di mare. Una porzione di tirreno tra Budelli, Razzoli e Santa Maria, dal basso fondale sabbioso, molto grande e frequentato. Con la barca ormeggiata, si vedeva chiaramente l'ombra proiettata sul fondale, a qualche metro di distanza. L'acqua era talmente limpida che la barca sembrava volare. Per rincarare la dose, issai uno alla volta i miei ospiti in testa d'albero. Sicuramente le vertigini danno una bella scarica di adrenalina, ma le fotografie e le riprese l'hanno riproposta nel tempo. Che posto fantastico.

Pranzammo alla fonda, vicino al passo degli Asinelli, all'interno del Porto della Madonna, verso Razzoli e Santa Maria.

Dopo il caffè, però, l'abitudinarietà del CacoTeam fu sconvolta. Io e Jerod sentivamo l'impellente necessità di recarci a terra. Credo che oltre ad un problema di intestino particolarmente solerte, ormai l'idea di lasciare un segno del suo passaggio aveva accelerato il bioritmo di Jerod. Era difatti la seconda volta che eravamo nei pressi di Santa Maria e ancora l'isola non ci aveva accolti!

Con la scusa di andare a vedere il famoso passo degli Asinelli, riuscimmo a recarci a terra senza destare sospetti. In pochi istanti, c'eravamo già mimetizzati nella macchia. Mentre ero nell'intimità della mia verde toilette, intravedevo Budelli e Razzoli. Fu inevitabile pensare a come diavolo fosse possibile che tre isole, praticamente incollate tra loro, potessero essere così diverse, sia per i colori delle rocce, sia per il tipo di vegetazione. Santa Maria ha addirittura una piccola laguna interna! Nel frattempo il vento aveva ruotato a Grecale, poi a Levante. Le previsioni erano state abbastanza corrette. Sicuramente per un paio di giorni il Ponente non si sarebbe visto. Così, passammo tutto il pomeriggio in panciolle al Porto della Madonna. Avevo in mente, infatti, di trascorrere la notte in un posto incredibile, molto vicino a dove eravamo: cala lunga di Razzoli. Grazie ai preziosi consigli del Biondino, un caro amico Maddalenino, sapevo perfino dove dare volta alle cime a terra! Scherzi a parte, quando si effettua l'abbonamento al parco, bisogna prestare molta attenzione alle zone rosse sulla cartina del arcipelago. Ci sono difatti aree delle isole dove è vietato portare le cime a terra. Razzoli, ad esempio, è divisa in due, quindi alcuni scogli sono sacri, altri, utilizzabili! Incastrai il Bavaria nella biforcazione della baia, con la prua ad ovest e le cime a terra, in 3 metri di fondale. La barca stava benissimo, noi pure. C'era qualcun altro che s'era sistemato per affrontare la notte nella nostra stessa baia. Buon segno, le nostre previsione, allora, erano attendibili. Dormire a Cala lunga è senza dubbio un'esperienza da fare, ma con molta, moltissima attenzione. Quel posto da sogno, se per caso il vento girasse e rinforzasse da ovest, diventerebbe l'ultimo girone dell'inferno. Il sole lentamente scendeva, mentre le ragazze s'erano offerte di fare la cena, dandoci 2 chili di patate da pelare!!! Lavorammo come bravi operai, soprattutto perché tra una scorza e l'altra, ci facevamo un bicchiere di Vermentino di Gallura! Ribaltati ma felici, ci apprestammo a divorare la cena. Fu una serata divertente, Jerod era davvero in forma, sfoderando aneddoti da capottarsi dalle risate. Poi, ad un tratto, chiusi il Bimini-top e dissi.: "benvenuti a Razzoli!". La stellata che avevamo sopra la testa non si può descrivere. Credo che un paio dei mie ospiti nemmeno immaginassero che il cielo avesse tutte quelle stelle. La via Lattea si distingueva chiaramente, la Luna, invece, non era ancora sorta, permettendo allo vista di apprezzare anche quelle piccole stelline lontane, che raramente fanno capolino nei ricordi delle persone.

Ci fu un bel momento di silenzio. Fu Jerod, ad interromperlo, con un sacrosanto "Ma chi ci ammazza?".

La notte passò serenamente, io feci un dormitone epico, nonostante il posto "rischioso".

Mi svegliai presto, andai in coperta per vedermi l'alba, e scoprii che Jerod era già lì, paglia in bocca, perso nei meandri della sua anima. "Grazie, davvero". Non so se stesse parlando a me o al Padreterno, ma non lo dimenticherò mai. Avevo creato l'ennesimo mostro, malato di natura ed infinito, simbionte della barca a vela.

Ma il romanticismo durò poco. Lucky saltò fuori col caffè e i biscotti e, poco dopo, eravamo già sul gommone alla ricerca di un cesso. Quel giorno, il pudore di Jerod, andò a trovare il mio all'Elba. Ormai dell'intimità se ne fregava. Cercava di nascondere solo le "vergogne", per il resto gliene interessava poco. Addirittura aveva iniziato a fare la "telecronaca" dell'evento, a volte pure con il walkie-talkie! C'era da pisciarsi addosso dal ridere, soprattutto quando poi, guadagnava la spiaggia per farsi il bidè. Sempre generoso di dettagli tecnici sulla sua evacuazione, finiva regolarmente i discorsi con: "..e anche qui Jerod ha lasciato il segno". Sono convinto che questa sua ossessione di marchiare il territorio fosse un istinto preistorico di possesso, come i cani che orinano sugli alberi per marcare il territorio. Lui, invece, caga. Ovunque!

Mentre le ragazze stavano ancora dormendo, facemmo prua verso Cavallo, una delle due isole dell'arcipelago non italiane. Sono le più esterne, in mezzo alle bocche di Bonifacio, e sono anche le più diverse in assoluto. Si vede chiaramente che il granito è di un altro "filone". Decisamente più grigie, ma strepitose. Lo stupore arrivò presto. Diedi fondo a cala di Zeri, sul lato orientale dell'isola. Profonda ed ampia, è piena di scogli affioranti, ma nella parte più interna c'è un basso fondale di sabbia ideale per ancorare e per shockare gli amici. Metteteci qualche palma delle ville francesi che la attorniano, ed avete ottenuto i Caraibi. Si sente comunque che si è in altra nazione. Non si sentono schiamazzi, le coste pulitissime, le baie molto meno affollate. E nessuno lava i piatti o fa la doccia col sapone in rada. Jerod era molto irritato al fatto che non potevamo scendere a terra (l'isola è privata) per marcare il territorio, ma di li a poco ci saremmo spostati in un'altra baia eccezionale. Feci rotta verso Lavezzi, l'altra isola francese, entrando dal lato occidentale, ormeggiai la barca a Cala di Chiesa, un specie di fiordo a nord-ovest dell'isola. E' conosciuta come la baia di Snoopy, a causa del grosso blocco di granito a circa 30 metri di altezza dalla incredibile somiglianza col bracchetto di Charles Schulz. Ma Lavezzi è un parco giochi dal punto di vista delle "rocce vive". A pochi metri dalla spiaggia di Cala di Chiesa, c'è un vero e proprio elefante di granito. Non c'è bisogno di fare alcuno sforzo di immaginazione. Sembra proprio che ci sia un pachiderma pietrificato. L'isola, oltre ad essere un paradiso di animali (berte, gabbiani corsi, dentici, pesci di ogni tipo...) ha anche una triste ed antica storia. Nel 1855 la fregata *Semillante* naufragò tra le sue acqua. Morirono 700 persone, la maggior parte è sotterrata nei due cimiteri dell'isola. I 140 dispersi, non furono mai trovati. Ma nei racconti delle persone di mare dell'arcipelago, si dice che qualche pezzo arrivò fino in Sardegna, o recuperato da qualche pescatore. Una vera strage.

Non facemmo in tempo a visitare i due cimiteri, purtroppo, poiché quella sera avevamo deciso di passare la notte a Cala Gavetta, il marina di La Maddalena.

Non che avessimo la necessità di acqua, gasolio o astinenza da terra. Semplicemente, avevamo finito le birre. Oltre a volerci pappare un tipico maialetto sardo.

Ormeggiammo, facemmo il pieno d'acqua e andammo immediatamente a cercare i bagni, per prepararci alla serata. Purtroppo arrivammo tardi, e i servizi erano già chiusi. Così andammo subito alla ricerca di un supermarket da svaligiare. Tornammo alla barca con un bel rinforzo di Ichnuse[1], in lattina, ci docciammo e andammo in un ristorante consigliato sempre dal Biondino.

Ovviamente i miei ospiti, si lasciarono consigliare dal sottoscritto: antipasto con pane Guttiau, salame di cinghiale e pecorino. A seguire, piatto unico. Un intero maialetto da latte cotto alla fiamma. Il tutto innaffiato da enne-bottiglie di Cannonau. Quando mi resi conto che il vassoio era finito, corsi a fermare LaMora, che si stava mangiando pure il piatto. Io ero pieno, ma quelle bestie ebbero pure il coraggio di farsi un giro di Seadas. Il cameriere, rendendosi conto del livello di selvatico che c'era nel suo ristorante, non ci offrì un giro di amari. Ci diede direttamente la bottiglia di Mirto artigianale. Restituimmo il feretro senza vita del tradizionale liquore sardo, e ce ne tornammo in barca. Ovviamente, dopo giorni di mare e parecchio alcool nel sangue, quasi tutti avevano problemi di deambulazione. E' sempre uno spettacolo vedere la gente col mal di terra, perché si sentono sicuri sul suolo, ma quando incominciano ad ondeggiare, si vedono scene epiche. Jerod camminava a tentoni, LaMora incollata al braccio di Lucky, LaRossa si

---

[1] Ichnuse: birra sarda.

aggrappava a tutti i pali che incontrava. E tutti, da fermi, sembravano dei bambù al vento!

Tornammo a bordo, in programma c'era di berci qualche cosa d'altro per poi uscire. Accadde poi che un grosso cane randagio si accucciò proprio di fronte alla nostra barca. Non si capiva bene se fosse buono o cattivo, tantomeno cosa volesse. Provammo a dargli un boccone, non lo mangiò. Era davvero inquietante. Mi resi conto che il mio equipaggio ormai era innamorato follemente della vita di bordo, quando rinunciarono piacevolmente a ritornare in centro, a causa del quadrupede sul pontile. Volendo, si sarebbe anche potuto usare il tender, ma noi stavamo bene lì, tra di noi. Fu così che passammo un'altra splendida serata di risate tra di noi.

La mattina dopo, come sempre, il CacoTeam si radunò per andare in missione.

Ci impossessammo dei bagni e Lucky, non appena aprì la porta della toilette, gemette.

"Tutto bene?" dissi.

"Sì, sì, scusa, è che alla vista della tazza mi sono commosso!"

Passai un quarto d'ora appoggiato ai lavandini ridendo come uno scemo.

La vacanza stava terminando e le previsioni meteo incominciavano a dare segnali di Ponente.

Non avevamo visitato le bellissime spiagge di La Maddalena, ma era stata una mia scelta. Quel tipo di tour si può tranquillamente fare con i mezzi terrestri, facendo base sull'isola. Quando mi capita di portare a spasso la gente in barca a vela, tendo a dare la precedenza a posti difficilmente raggiungibili dalla strada, per rendere la vacanza unica. Se il posto piace, la gente ci torna, non necessariamente in barca. Così si ritroveranno a disposizione tantissimi posti inediti!

Mancava una unica isola, molto piccolo e molto amata dal sottoscritto, da visitare. E' situata a sud-est di Caprera, snobbata dai più. Eppure, l'isola del Porco è unica e meravigliosa.

Ci sono delle costruzioni antiaeree, un deposito con tanto di cancellata, un pontile diroccato, ottimo ridosso in caso di forte ponente. Il Porco è anche un sito di riproduzione di numerosi volatili. Cormorani, gabbiani reali e corsi. Nelle sue acque, invece, polpi, murene e molti pesci di fondale. Fenomenale, la baia ad occidente. Un grosso gruppo di scogli le fa da tappo, creando una placida laguna esplorabile col gommone. Passammo la nostra penultima notte alla fonda sul lato orientale. Ovviamente la mattina successiva, ci fu l'ultima spedizione del CacoTeam. La voglia di camminare di Jerod era pari al suo pudore, così ci infrattammo dietro il primo casottino utile. Dopo lo sgancio delle bombe, ci dedicammo al rigenerativo bidè. La scena fu epocale. Il pontile dell'isola ha una piccola spiaggia a nord e noi ci tuffammo proprio lì. Mentre io e Jerod ci dilungavamo nell'igienico risciacquo, Lucky si apprestò a tornare a bordo. Il suo sguardo, però fu rapito da un animale acquatico, che se ne stava placido e sereno tra i blocchi disgregati del pontile.

"Guarda-guarda, una murena!" esclamò.

In meno di un nanosecondo, io e Jerod saltammo fuori dalle limpide acque della spiaggia e, con una tachicardia da 2500 bpm, ci avvinghiammo sullo scoglio più alto sulla riva. Le ragazze scoppiarono a ridere, mentre pian piano ci muovevamo verso Lucky. Pensavamo si trattasse di uno scherzo, ma giunti sul pontile, la vedemmo. Era stupenda. Nella sua classica posizione da documentario. Bocca aperta per respirare, la coda nascosta nella tana, i denti aguzzi che sporgevano e quelle incredibili sfumature blu. Certamente la murena non è un animale raro in Sardegna, ma non capita spesso di poterla ammirare da fuori dall'acqua!

Rientrati a bordo, ci preparammo a partire. Portai i miei amici in una della bellissime spiagge che attorniano Porto Palma. Una delle più graziose, si trova ai piedi del Monte Fico, sul lato orientale. Si sta bene anche con Ponente forte, che tra l'altro, aveva iniziato a pompare. L'esperienza della murena mi fece fare un salto nel passato. L'unica volta che l'avevo vista, fu a Bonifacio, durante la prima crociera con mio padre. Sotto la rocca della città, rivolta a sud, c'è una bellissima spiaggia, piena zeppa di animali acquatici. Ero in acqua quella volta, ed ero assai più piccolo. Me la ricordo gigantesca. La cosa curiosa è che quella fantastica baia, si trova esattamente sotto lo slargo che c'è alla fine della lunga scala, che unisce la parte bassa alla parte alta della città. Lì ci sono i famosi ed antichi bagni pubblici di Bonifacio. Sono a sbalzo nel vuoto, senza sciacquone. C'è un semplice buco che invita gentilmente le scorie ad uscire, esattamente sulla verticale di quella splendida spiaggia. Capii in quel momento perché era sempre deserta.

Arrivarono le 15, e dovevamo rientrare a Portisco. Il Ponente si era stabilizzato sui 30 nodi. Il mio team non aveva ancora conosciuto il Padrone di casa. Gli tranquillizzai, anche se non erano assolutamente preoccupati. Srotolai tutto il genoa[1] e senza randa, feci rotta verso l'isola della Bisce. La barca non sbandava, procedeva veloce e serena. Ogni tanto Lucky buttava un occhio all'anemometro. Poi guardava la mia faccia, nella tipica espressione di totale godimento e si calmava. Jerod scese sottocoperta, aprì il frigo e uscì con 3 Ichnusa.

"Ragazzi, sono le ultime tre!", disse. Stavamo per aprirle e fare così l'ultimo brindisi della vacanza, quando LaRossa disse: "Però almeno una potevate offrircela!". In una settimana c'eravamo scolati 98 birre e le ragazze manco una. Che animali! Scesi sottocoperta e trovai una ultimissima lattina nascosta nei meandri della stiva.

"Eccola! Fatevi la 99!"

Facemmo un sacrosanto ultimo brindisi, promettendoci di ripetere la vacanza in barca al più presto, mentre il Bavaria scivolava a 10 nodi verso il golfo di Cugnana.

---

[1] Genoa: vela di prua

CAPITOLO 13: ouzo, fillakia?

Qualche tempo fa, girovagando nella rete alla ricerca di offerte di lavoro, mi imbattei in un annuncio di una società italiana che opera in Croazia e Grecia. La cosa mi attirava, nonostante la paga offerta fosse inferiore a quella che solitamente prendevo in Italia. La contattai, per informazioni e poco dopo gli inviai il mio curriculum. Era da qualche tempo che volevo provare a lavorare in acque sconosciute, sia per ravvivare la passione per questo lavoro, sia per ampliare la mia personale conoscenza marittima.

Ed in Grecia, appunto non c'ero mai stato.

In realtà una capatina l'avevo fatta qualche anno prima, ma non in barca. Un amico mi girò un viaggio premio a Samos, l'isola del Dodecanneso più vicina alla Turchia, famosa per avere dato i natali a Pitagora. Non fu certo una vacanza esaltante, essendo una meta principalmente rivolta alle famiglie. Poca vita notturna, ancor meno presenza giovanile. Chi ha orecchie per intendere, intenda. Non voglio certo sminuire la bellezza dell'isola, ovviamente, ma essendo un amante della vela, quando faccio una vacanza "terricola", solitamente evito di emularne le gesta.

Ricordo con piacere la gita alle cascatelle nella parte nord - ovest di Samos. Si tratta di una "attrazione" turistica che in Italia sarebbe irrealizzabile, a causa dei complicatissimi e severissimi regolamenti sulla sicurezza. In sostanza, i turisti hanno la possibilità di risalire un fiumiciattolo fino alla sua sorgente, situata a qualche km dall'estuario. Il rivolo si destreggia tra i boschi dell'isola, erodendo lunghi tratti di pietra marmorea. Risultato, camminando tra le sue acqua, spesso e volentieri ci si ritrova dinanzi ad alte e lisce pareti bianche, attrezzate con grosse funi piene di nodi per facilitare l'arrampicata. Roba che se uno cade si apre la testa come un cocco maturo. Però se si riesce a superare queste piccole attrazioni da free climber, si può apprezzare lo stupendo panorama dei boschi di Samos. Indimenticabile anche il comodo "sgancio di superflua zavorra" tra la fitta boscaglia. Fin troppo facile. Non che fosse necessario, ma ormai Jerod un po' mi aveva contagiato. Volevo lasciare un ricordino del mio passaggio. Tra l'altro con un comodo ruscelletto per igienizzarsi.

Ma lasciamo Samos e torniamo alla vela. Il giorno dopo avere inviato il curriculum, il presidente della società, mi chiamò per fare una chiacchierata telefonica. Mi fece un po' di domande, poi mi disse che mi avrebbe spedito una informativa su itinerario, luoghi, organizzazione. Insomma, mi sembrava molto preciso. E lo era. Mi arrivò la e-mail con una bel po' di allegati. Una cartina delle acque dove avremmo navigato, regolamento con gli ospiti e con gli altri skipper. Già, perché la società inseriva nella sua offerta per i turisti la navigazione in flottiglia, che per un neofita di vela è senza dubbio una bella via di mezzo tra il classico villaggio e la tradizionale veleggiata. Per gli skipper, un notevole incremento della sicurezza. E un notevole decremento di rotture di scatole. Altro dettaglio assai interessante, la presenza di un itinerario pre-stabilito. Un bell'aiuto per uno che non aveva mai navigato in quelle acque. Lì mi resi conto che la Grecia che stavo per visitare non era quella classica, le Cicladi per intenderci. Bensì la Grecia Ionica, quella più vicina all'Italia, quella meno famosa, tranne che per Itaca, l'isola di Ulisse. "Meglio ancora!", pensai. Il battesimo alle Cicladi potrebbe essere tosto. In Agosto, poi, nell'Egeo il Meltemi spinge parecchio. Mi sono sempre ripromesso che il primo tour in quelle acque l'avrei fatto con un equipaggio preparato. Non con turisti alla prima volta in barca!

Tra i vari allegati della mail, vidi che c'era anche già il contratto. "O la va o la spacca. Facciamo due settimane, che se va male non mi rovino l'estate".

Il mio impegno era quindi di farmi trovare ai primi di Agosto al grosso Marina di Lefkada, per fare da skipper a due tornate di ospiti. Il resto, l'avrei saputo direttamente la.

Quella fu un'estate davvero impegnativa. Iniziò molto presto, poiché avevo cambiato classe velica, mi era arrivata la barca nuova e avevo parecchio da allenarmi. In sostanza, iniziai la stagione a Gennaio. Ovviamente, più la temperatura saliva, più la quantità di ore ed impegni in acqua, aumentavano. Il 28 Luglio terminò il mondiale a Riva del Garda, il 30 ero già in nave per Igoumenitsa. Fu il viaggio della speranza. La nave era piena da fare schifo. Non avevo la cabina, in compenso avevo dei simpaticissimo vicini di "piazzola" che intonarono tutti i canti della Chiesa moderna dalle 10 di sera alle 8 di mattina. Non chiusi occhio, però la mia conoscenza di parabole e aneddoti cristiani si era incrementata del 6500%.

Il tragitto dal porto a Lefkada durò un paio d'ore. Il bus era puntale e la stazione di arrivo a pochi metri dal marina. Devo dire che i Greci si fanno capire benissimo, a differenza della loro segnaletica/cartelli. Può essere furbo imparare il loro alfabeto, per individuare almeno le località.

Prima di partire, mi ero sentito nuovamente con il presidente della società, che mi aveva caldamente consigliato di andare a Lefkada un giorno prima, per incontrarmi con gli altri skipper, soprattutto con il capo - flottiglia, così da fare due chiacchiere sull'itinerario.

Alle 14 ero nel grande Marina di Lefkada, moderno e funzionale, a livello dei migliori porti italiani. Chiamai Alakia, il capo - flottiglia, che molto rapidamente mi buttò giù il telefono, dicendomi che era per mare. Provai con un altro skipper, Daka, che sapevo essere in un paese lì vicino. Anche lui mi glissò in pochi secondi. Mi avevano detto che erano triestini, però non pensavo DOC! Nella loro migliore tradizione, se non ti conoscono, non gliene può fregare di meno di te. Anche se sei un collega. Se vuoi un po' di rispetto, la prima cosa che devi fare è non rompergli i coglioni. La seconda è offrirgli da bere. Facendo così, potrebbero anche arrivare a parlarti...in italiano!

Insomma, dopo un viaggio orrendo, un'accoglienza ancora peggiore. Senza considerare che ero arrivato un giorno prima, apposta, e quindi dovevo trovarmi una branda.

Dopo un paio di ore di interminabili pippe mentali sul da farsi, pensai:

"Sai che c'è? C'è che vanno a cagare tutti. Adesso mi trovo una panchina e dormo. Poi se mi cercano sta sera, bene, se no domani mi imbarco e vediamo di fare passare in fretta queste due settimane. Che ne ho già le palle piene!".

Mi ero comodamente sistemato sotto la torre di controllo del marina. Verso le 18, un funzionario del porto, mentre era al telefonino, mi squadrò, poi gli sentii dire qualche cosa in inglese all'altro interlocutore, del tipo "sì, credo che ci sia un tuo skipper qua che dorme!".

Poco dopo, si presentarono due personaggi davvero inconsueti. Entrambi con un logoro cappello di paglia da contadino, orecchini; uno era alto, mustacchio ben curata e capello rasato. L'altro, capelli lunghi e biondi, gesticolava come Jack Sparrow del noto film della Disney. Quest'ultimo si presento come Alakia, il capo - flottiglia. L'altro, invece, era Fouzo, un altro skipper della banda. Anche lui triestino. La nostra breve conversazione si incentrò sul fatto di affittare degli scooter, andare a Nidri, paesino a pochi chilometri da Lefkada.

Ovviamente io ero in totale confusione. Avevo grosse difficoltà di comprensione: un po' la stanchezza, un po' il loro dialetto.

A distanza di diversi giorni, metabolizzando i dialoghi, capii la situazione. I due skipper avevano le loro personali barche a Nidri. Ecco spiegata la premura di affittare gli scooter e levare le tende. Lavorando parecchie settimane in quelle acque, il venerdì sera era l'unico giorno di riposo. In fondo li capivo.

Quel venerdì sera andammo a mangiare carne in una taverna sulle colline di Nidri. Tutto ottimo. Prezzo incluso.

Alakia mi spiegò l'itinerario. Fouzo, involontariamente, la loro visione del mare. Avevo di fronte due rari esempi di navigatori "romantici", adoratori del solitario e grandi fan di Bernard Moitessier. Stavano guadagnando un sacco di punti nel mio personale indice di gradimento. Con noi si era aggiunto anche Daka, il terzo triestino. Terminata la cena, il cameriere ci portò un tipico liquore Greco, come digestivo: l'ouzo. Un distillato a base di anice, simile alla nostra

Sambuca, molto più concentrato. Difatti si tende a berlo diluito con acqua e ghiaccio.

Ci sono tre cose nella vita che proprio mi fanno venire il voltastomaco: il mais in scatola, il pesce e l'anice. Ma per educazione e cortesia non rifiutai. La cosa andò avanti 3 anni.

Il giorno dopo, finalmente, si iniziava a lavorare. Essendo novizio, per il primo tour, mi avevano dato la piccolina della flottiglia: un Elan 40, con 5 ospiti. Fortunatamente, quasi miei coetanei. Inoltre, tutti alla prima esperienza di vela. Erano davvero simpatici e gentili, ci volle poco a fare amicizia. Qualcuno ancora lo sento.

Così, feci il mio bel discorsetto iniziale, ovviamente, partendo dall'uso del bagno di bordo. Fui molto convincente, visto che dopo avere sistemato una cambusa "imperiale", ficcarono tutti i sacchetti possibili nei due bagni di bordo.

Sabato sera, Alakia, Fouzo e Daka mi chiesero di andare con loro a Nidri, visto che la partenza era prevista per l'indomani mattina. Declinai e cucinai un ottimo risotto al limone (ricetta del Biondino!) per il mio equipaggio. Non rientra certo nei compiti dello skipper fare il cuoco, ma in fondo a me piace spadellare. E soprattutto preferisco mangiare quello che mi cucino io. Fidarsi è bene...!

Alle ore 9 di domenica, tre allegre barchine lasciarono gli ormeggi di Lefkada, facendo rotta verso sud, attraverso lo stretto canale che introduce le imbarcazioni all'arcipelago della Grecia ionica. Appena superato il canale, si aggiunse Daka, che invece era partito da Lygia.

La prima tappa, fu una bella baia a sud-est dell'isola di Skorpios. Nonostante fosse Agosto, la quantità di imbarcazioni non era altissima. I tre triestini mi dicevano che invece le acque erano super-affollate. Gli credetti sulla parola, ma era chiaro che non avevano mai navigato in Costa Smeralda in alta stagione. Beati loro!

Skorpios è famosa ai più per essere l'isola del signor Onassis. Vietato scendere a terra. In compenso si può ammirare il buon gusto del famoso armatore greco. Le ville, le infrastrutture presenti sull'isola, si vedono poco, ben mimetizzate nella vegetazione. Inoltre, a differenza della maggior parte delle residenze italiane, è molto attiva. Il personale dell'isola, lavora tutto l'anno come fosse una azienda agricola, producendo miele, formaggio ed olio. Il vecchio Onassis la sapeva lunga.

Il caldo era mostruoso. Non c'era un filo di vento. Previsioni alla mano ed esperienza a seguire, capii che in quelle acque, il vento seguiva in tutto e per tutto gli orari greci. Compariva verso le tre del pomeriggio, di direzione variabile a seconda della zona in cui si navigava, incanalandosi tra le isole, raggiungendo anche allegramente i 25 nodi. Dopo avere pranzato, ci dirigemmo verso est e poi a sud, bolinando verso la punta più meridionale di Kastos. L'itinerario prevedeva di passare la notte nel piccolo porticciolo della medesima isola, situato ad est della stessa.

Una delle "carinerie" di quell'angolo di Grecia, sta proprio nei porticcioli. Difatto, il marina di Lefkada, è l'unico della zona, dotato di servizi e corpi morti. Tutti gli altri, sono dei semplici frangiflutti, taluni anche molto antichi. Non esistono trappe, quindi l'ormeggio finale prevede sempre l'ancora ben posizionata. L'ormeggio serale era la croce e delizia del nostro capo - flottiglia, Alakia. Adorava cimentarsi in ormeggi "tutta fantasia", con cime a terra fissate nei punti più strani, possibilmente tutti vicini. Questa era la "delizia". Li definiva "ormeggi punk". La croce, invece stava nella totale ignoranza nei miei confronti. Conosceva bene Daka e Fouzo, ma di me, sapeva giusto il nome. Così, dimostrando di avere un notevole bagaglio di esperienza, ormeggiava sempre per primo, facilitando non poco il lavoro delle altre barche.

Il fatto di ficcarsi in angusti posti, con cime a terra in trazione, non mi spaventava, tutt'altro. La cosa non si scostava molto dagli abituali ormeggi che facevo in Sardegna. Anzi, erano perfino più facili questi, sia per l'aiuto degli altri skipper, sia per la presenza di anelli o bittoni a terra! Inoltre, a differenza dell'arcipelago, raramente si incontrano scogli affioranti.

Ci disponemmo a pacchetto sul lato esterno del frangiflutti di Kastos, insieme ad un lancione tipico greco. Ricordo che quella sera, il suo proprietario compiva 50 anni. E dopo avere festeggiato con la famiglia, decise di condividere la sua bottiglia di Tequila con me e il mio equipaggio. Non che sia particolarmente gustosa bevuta liscia, ma sicuramente gradita al mio palato più dei 3 tradizionali giri di ouzo appena arrivato. Ma veniamo alle cose importanti. Dal mio arrivo in Grecia, il mio apparto digerente aveva dimostrato piena efficienza e regolarità. Fino a quel momento, però, ero riuscito a tamponare la sua produttività utilizzando i comodissimi wc del marina di Lefkada. Quel lunedì mattina feci un bel salto nel passato. Fu inevitabile ritornare alla bella vacanza col CacoTeam. E fu inevitabile anche porsi l'obbiettivo di "consacrare" ogni isola possibile.

Ma al di la del mero espletare formalità corporali, la "defecazio ruralis" mi permetteva di visitare pezzi di isola in assoluta tranquillità. A differenza della vacanza sarda con Lucky e Jerod, dove bastava scendere a terra e infrattarsi dietro il primo ginepro, in Grecia si ormeggiava sempre in caratteristici paeselli ed era quindi necessario scarpinare un buon quarto d'ora per trovare la location adatta.

Erano le 8.30, il mio equipaggio si stava alzando, io avevo già provveduto a fare (e bermi) il caffè. Presi il mio pratico marsupio ripieno di carta igienica e scesi a terra. Daka e Fouzo stavano già facendo il primo bagno della giornata. Io lo avrei fatto poco dopo. Mentre scendevo sugli scogli capii perché quei due s'erano giù buttati in acqua. Due biechi e marroni siluri passarono vicino al mio tender. Altri punti al loro indice di gradimento. Farla in acqua è sicuramente la cosa più igienica, ma volevo dare un senso alla gita mattutina terrestre. Oltre a voler proseguire la tradizione del CacoTeam. Mi avviai verso il paese. Dopo 5 minuti tra le sue tortuose viuzze e le casette in pietra, mi ero già innamorato del posto. Un po' meno delle sue vertiginose e faticosissime salite. Dopo 10 minuti di scarpinata con pendenza del 80%, mi si parò dinanzi una favolosa valle di ulivi. Il più giovane era nato probabilmente nel Neolitico. Cercai un tranquillo posto lontano dalla strada per dare il via libera al prigioniero. Mentre operavo con la schiena appoggiata ad un grosso fusto, il fiatone per la salita si attenuò, e mi resi conto dell'incredibile fracasso che c'era in quella valle. Centinaia, anzi, migliaia di cicale suonavano senza sosta. Non avevo mai sentito un concerto di quelle proporzioni. Alzai la testa e vidi chiaramente che le fronde dell'ulivo che mi stava sorreggendo, accoglieva decine e decine di questi insetti, che all'unisono facevano vibrare il ventre creando il caratteristico suono. Che spettacolo. Rimasi dieci minuti il religioso silenzio, ascoltandole e ammirando lo stupendo panorama di quella valle di Kastos, che si apriva direttamente sulla brulla Grecia continentale.

La nota negativa fu il riassettaggio. Avevo calcolato male la carta, e dovetti arrangiarmi con quello che c'era lì intorno. Sconsiglio caldamente di usare le foglie di ulivo. E' comunque difficile trovare piante a foglia larga in un isola dello Ionio. Ma in qualche modo ce la si fa. Altro problema fu che dovetti accelerare notevolmente le operazioni di riordino, a causa dell'arrivo di una squadra di operai asfaltatori. Ma pochi minuti dopo, ero già a mollo nella limpide acque di Kastos, per le abituali operazioni post-espulsione.

Tornai a bordo, gli altri stavano già mollando gli ormeggi. La tappa successiva era Formikula, microscopica isola a sud-ovest di Kastos. Il pomeriggio, invece, il vento arrivò un po' prima, così da permetterci una bella veleggiata verso Frikes, grazioso paesino a nord-est di Ithàky (Itaca n.d.r.).

Sicuramente più grande di Kastos, fino a qualche tempo fa, la sosta nel suo porto era davvero irritante e fastidiosa, a causa della forte risacca provocata dai traghetti diretti a Patrasso, che passano tra Ithàky e Atokos. Ultimamente, gli abitanti di Frikes hanno firmato una petizione per obbligare le navi a passare ad est di Atokos, riducendo la risacca notturna e facendo così tornare i turisti nel paese. Che per altro, merita di essere visitato.

"Ouzo, fillakia[1]?". Era Daka che chiamava Fouzo per l'abituale rito pomeridiano. L'invito era anche per me, ovviamente. Quel giorno, però, lo bevetti con più gusto. Avevamo appena terminato una bellissima

---

[1] Fillakia: parola composta secondo la fantasia di Alakia…fille=amico – akia=diminutivo, quindi = amichetto. In realtà significa "bacetti"...

veleggiata e nonostante avessi la barca più piccola della flotta, avevo mantenuto la testa della flotta per metà tragitto. Oltre ad essere l'unica barca che navigava con tutta tela a riva in totale sicurezza. Tutti gli ospiti si erano divertiti da matti. Incominciavano a girare le barche, stavano facendo amicizia tra i vari equipaggi. E anche sul fronte degli skipper qualche spiraglio si vedeva. Fouzo s'era un po' lasciato andare col sottoscritto. L'innesco avvenne dopo l'ormeggio. Mentre ci aiutava con le cime a terra, qualche imbecille di passaggio gli fregò il V.H.F. portatile. Nessuno se ne rese conto, restò il fatto che lui era senza radio. Fortunatamente io m'ero portato il mio personale, così mi avanzava quello che la società mi aveva dato in dotazione. Glielo prestai. La mossa lo spiazzò. Evidentemente stavo guadagnando anche io qualche punticino.

CAPITOLO 14: la ricerca dei capretti

Dopo la notte a Frikes, il programma prevedeva la visita di Atokos. Partimmo più tardi del solito, poiché dovevamo fare acqua. Ovviamente non ci sono colonnine coi servizi nei porticcioli della Grecia, ma spesso e volentieri, passano delle autobotti che per pochi euro riempiono rapidamente i serbatoi di bordo.

Quando arrivammo nelle acque della piccola isola ad est di Ithàky, restammo a bocca aperta. Dinanzi a noi si stagliava una altissima parete a picco sul mare, liscia e dritta come se centinaia di persone si fossero armate di frattazzo e carta vetrata per allisciarla e spianarla. Il cliff era addirittura ad angolazione negativa e la profondità del mare vicino allo strapiombo era di 8 metri. Ci si poteva quasi affiancare con la barca alla roccia, senza rischi, se non quello di toccare con l'albero la parete! Il colore dell'acqua era pazzesco. Azzurro, chiaro, grazie al fondale di sassi bianchi, erosi e arrotondati dell'incessante moto ondoso.

Da pochi giorni stavo navigando tra le acque della Grecia Ionica, ma i paragoni con la Sardegna già si sprecavano. Entrambe hanno la peculiarità di proporre panorami sempre diversi, anche a distanza di pochi metri. L'Arcipelago ha sicuramente fondali sabbiosi e celesti più diffusi rispetto alle acque ioniche, le quali stupiscono per il netto contrasto dei colori delle acque, la maggior presenza umana tra le isole, le alte scogliere di roccia bianca e sedimentaria, dove si apprezza la potenza della natura più che la curiosa fantasia delle erosioni sarde. Senza dimenticare che la vegetazione Greca delle piccole isole è più imponente.

Anche a pochi metri dall'acqua, si possono ammirare altissimi cipressi o secolari ulivi.

Atokos è decisamente il più bel panorama naturalistico che ammirai. Sull'isola è presente una sola casa, tanto che la baia alla quale si affaccia, si chiama "One House Bay".

Molto alta e verdissima, ha un'infinità di anfratti affascinanti e meravigliosi, ma non è sicuramente un posto dove trascorrerei sereno la notte. Le baie sono molto aperte e per nulla ridossate. In compenso essendo al centro dell'arcipelago, è rapidamente raggiungibile da tutti i paesini delle altre isole che si affacciano sul mare interno.

Verso il primo pomeriggio, Alakia ci informò che era ora di partire. Era molto presto, ma nel nostro itinerario c'era in programma di visitare Vathi, la capitale di Ithàky.

Il vento ancora non aveva ancora iniziato a soffiare, quindi facemmo tutta la navigazione a motore.

Il mare era calmo, la giornata stupenda. La famosa isola di Ulisse si poteva ammirare in tutta la sua grandezza. Il nome di Itaca riecheggia nella testa della gente grazie ai racconti omerici ed è inevitabile che la fantasia decolli senza freni. Mito, storia, paesaggi si confondono a tal punto che facilmente si immaginano antiche navi greche navigare nelle acque di Itaca. A volte sembra di avere delle allucinazioni, ma si tratta semplicemente di caicchi "mascherati" da triremi, che portano a spasso orde di turisti tra le spiagge.

L'emozione cresce esponenzialmente entrando a Vathi.

Itaca presenta un'enorme baia sul lato orientale, fatta a "C". Nella parte sud del golfo, c'è un lungo e stretto fiordo che termina in un grosso bacino, attorno al quale si sviluppa l'intera città. Ovviamente, si può tranquillamente ormeggiare in tutto il perimetro del bacino, ma di corpi morti, nemmeno l'ombra. Quando i posti a terra terminano, le barche ritardatarie si mettono alla ruota al centro della baia.

Entrammo in fila indiana nel grande golfo dell'isola, accostammo a sinistra per entrare nel fiordo.

Proprio sul gomito della riva, vidi una microscopica chiesa in tipico stile greco. Bianca con le imposte, porta e tetto blu. I colori della bandiera nazionale. Una piccola scaletta portava dall'ingresso della cappella ad un molo. Nessun sentiero a terra. La cosa mi colpì molto. Si trattava sicuramente di un piccolo santuario per i marinai e i pescatori.

La cosa più curiosa, invece, fu la stranissima isoletta all'ingresso dello slargo di Vathi. Un affioramento di terra, con tanto di monumento, perfettamente circolare e molto ben curato. Ho seriamente pensato che si trattasse di una rotatoria marina! Osservai le barche davanti a me per vedere se effettivamente usassero la rotonda, ma non accadde. Mi sono promesso che quando ritornerò sull'isola, la percorrerò in senso antiorario, per vedere se le barche che mi seguono ci cascano. Sarebbe da sbellicarsi dal ridere.

Le banchine erano già belle piene, così non riuscimmo ad ormeggiare tutti vicini.

Spiegai ai nostri ospiti che l'arrivo presto ad Itaca era necessario, ma avevano la possibilità di affittare dei motorini e visitare l'isola. Poco dopo arrivarono i tre triestini, che mi fecero capire di lasciare i miei ospiti alla svelta, perché avevano parecchia sete. Sono anni che Alakia naviga in quelle acque e avrà ormeggiato un milione di volte a Vathi. Conosce tutti i bar, baristi e ristoranti dell'arcipelago greco ionico. In base all'ora, all'ormeggio e alla posizione di Plutone in funzione della quantità di plancton, sceglie la migliore taverna, per qualità e prezzo.

Così, dopo una colossale bevuta, andammo alla ricerca di un buon ristorante per passare una bella serata a reti unificate.

Alle nove di sera, 36 persone e 4 bestie s'erano radunati attorno ad una lunga tavolata, divorando mussaka, tsatsiky, giros e tutto quello che è tipicamente greco. Il tutto ad un prezzo ridicolo. Oltre ad essere un ottimo skipper, Alakia dava un notevole valore aggiunto alla vacanza e agli ospiti.

Finimmo la serata ospiti sulla barca di Fouzo, tirando il collo a una notevole quantità di bocce di vino.

La mattina successiva persi circa due ore alla ricerca del mio cervello, imbattendomi svariate volte in quello degli altri.

Partimmo verso le 10, la prima tappa fu la baia dei pirati, una delle più inflazionate spiagge di Ithàky, nonché tra le preferite del trio triestino.

Questa lunga distesa di sassi bianchi è situata nella parte sud della grande baia antistante Vathi e sulla destra c'è una palafitta di legno, agghindata con vecchie reti da pesca e foglie di palma. Sembra proprio un villaggio di bucanieri. Viene impiegata come bar per i numerosi turisti che visitano la spiaggia via mare o via terra.

Buttammo l'ancora nella parte sinistra, dove c'è un bel fondale sabbioso che rende l'acqua molto invitante. Eravamo tutti belli ribaltati dalla serata ed era palese che saremmo rimasti lì almeno un paio di ore. Ne approfittai immediatamente per una gita a terra. Presi

il mio adorato marsupio e remai verso riva. Un posto incantevole, con un solo difetto, almeno per me. La spiaggia aveva delle altissime pareti a picco, piene di piante e capre selvatiche. Io camminavo nervosamente per trovare un sentiero o una spaccatura per inoltrarmi nella boscaglia. Ormai rassegnato a doverla fare in acqua, mi voltai verso le barche e vidi un caicco di turisti che arrivava a tutta birra verso terra. Cesso acquatico, bocciato. Dovevo per forza trovare un posto a terra per disinnescarmi, altrimenti sarei brillato davanti a decine di turisti. Una figura di merda epocale. Iniziai a correre verso il capanno, e sentii Daka ridere di gusto, poi disse: "stai andando alla ricerca di caprette? Sta sera, grigliata!" Cercai di trattenere le risate, per evitare indesiderate detonazioni. Ero pieno come un otre.
Inaspettatamente trovai una scaletta scavata nella roccia, che si arrampicava dietro il bar. Era ovvio che ci fosse stato un sentiero, sulla spiaggia c'erano tanti turisti e poche barche. Da qualche parte erano arrivati. Camminai promettendomi di ficcarmi dietro il primo cespuglio utile. Peccato che arrivò dopo 5 minuti di scalata. Sudavo freddo. Trovai un pendio pieno di alberelli. Mi inerpicai sul versante, scalzo, fradicio e rumoreggiante. Alla fine trovai un bel posto. Il terreno era pieno di aghi di pino, molto scosceso. Appesi il cappello ad un ramo, calai il costume e mi appesi ad un ramo, tipo Tarzan. Passarono pochi istanti ed un rumore mi fece sussultare: "O cazzo, c'è qualcuno!".

Girai la testa. Un grosso ariete mi guardava basito, masticando ritmicamente. Per una volta che sarebbe stato perfetto farsela addosso di paura, rimasi calmo. L'ariete intanto si stava avvicinando. Lo guardai dritto negli occhi e dissi: "Senti bello, non guardarmi così. Tu e tutte le tue amichette disseminate le spiagge con le vostre cagate, per una volta che succede il contrario, non è che te la puoi prendere! E comunque se passi tra un paio di mesi, qua ci trovi un bel cespuglio di erba fresca, garantito!".

L'animale sembrò apprezzare il mio discorso, si girò e se ne andò. Cercai di finire il più in fretta possibile, prestando molta attenzione alla discesa. Fossi scivolato mi sarei fatto parecchio male. E coi 12/10 della mia sfiga, sarei sicuramente finito di muso nel mio rifiuto organico. Ma quel giorno la sfortuna s'era presa un permesso retribuito. Me ne tornai alla barca con una bella faccia soddisfatta. Il bagno obbligatorio fu un fantastico. Davvero rigenerativo, sia per l'igiene, sia per il dopo sbornia. Ero in perfetta forma per affrontare la tappa pomeridiana. Obbiettivo, Fiskardo, a nord di Cefalonia, passando a sud di Ithàky. Questo strano giro per rendere il trasferimento più lungo ma più divertente. La termica pomeridiana, infatti, si insinua nel canale tra le due isole, rinforzando fino a 20 nodi, consentendoci di fare una bella regata.
Sparsa la notizia via radio, si incominciò ad avvertire tensione nell'aria. Anzi, "tenzione", come dice Fouzo.

CAPITOLO 15: da Fiskardo a Lefkada, una strada di ceramica

La giornata era davvero magnifica. Il vento termico era frizzante e teso, l'ideale per una "trasferimento vagamente competitivo". Gli ospiti delle varie imbarcazioni erano gasatissimi, agivano come regatanti di vecchia data. Il povero timoniere (che per accordo con gli altri skipper doveva essere un ospite) veniva pilotato da tutti i suoi compagni, come una marionetta di stoffa. Era così divertente vedere che, nonostante le loro fattezze, ancora di vela non ci avevano capito un cavolo: non esiste democrazia in barca! Ovviamente noi skipper ci posizionavamo in bella vista a poppa, lontano dal timone, in modo che tra di noi potessimo vederci "inoperosi". Meno male che non si sentiva l'audio. Un continuo "orza, poggia[1], pronti a virare!". Il mio Elan 40 aveva sicuramente un'anima più corsaiola rispetto ai 3 Bavaria[2] degli altri. Stringeva molto di più la bolina[3], ma camminava come un bradipo. La randa avvolgibile è comoda, ma è come mettere il motore della Panda su di un'Alfa. Non c'era nulla da fare. Anche al traverso con 40 nodi non avrebbe mai superato i 7 di velocità!

Alla fine l'unica cosa che potevamo fare era difenderci. Viravamo sopravvento all'avversario più vicino, coprendogli il vento. L'obbiettivo della regata era

---

[1] orza, poggia: termini basilari della navigazione a vela. Il primo vuole dire avvicinare la prua della barca alla direzione del vento, poggiare il contrario.

[2] Bavaria: cantiere nautico tedesco specializzato nella costruzione di imbarcazioni da charter.

[3] stringeva di più la bolina: la bolina è il nome della andatura che permette ad una barca di navigare risalendo il vento. Lo scafo è posizionato rispetto al vento con un angolo più o meno ampio. Si dice "stringere la bolina" quando si cerca di ridurre l'angolo per risalire più rapidamente.

arrivare a Fiskardo, così, guardando la morfologia della costa e il giro del vento, valutai che il bordo più veloce era quello mure a dritta. Andammo quindi sulla destra, poi, bussola da rilevamento alla mano, chiamai la virata con molto anticipo, per sfruttare il giro d'aria. Alakia e Fouzo, invece, stavano sulla sinistra del canale, incominciando una guerra di virate sotto costa. Man mano che ci avvicinavamo a Fiskardo, la mia intuizione diventava concreta. Ad un tratto i due triestini (Daka era parecchio staccato da noi tre), passarono in un canale formato da una piccola isoletta e Cefalonia, leggermente sottovento alla nostra posizione. Poi ammainarono le vele e accesero il motore, dirigendosi verso la baia di Fiskardo. Mi venne un atroce sospetto. Chiamai Alakia via radio.

"Ciao Alakia! Ma come mai avete già ammainato?" dissi.

"Bhè, la regata è terminata!" esclamò lui.

"Ho capito...magari avvisarmi sul luogo dell'arrivo, no eh?" risposi.

"Ops...pensavo che ti avessero avvertito!" ribatté.

L'avevamo riccamente presa in quel posto. Ma non era colpa mia. Lo avevano fatto di proposito di lasciarmi disinformato.

Continuammo la navigazione a vela fin dentro il golfo di Fiskardo, per poi ormeggiarci con cime a terra appena fuori il porto naturale.

Questo famoso paese sito nella parte nord-est di Cefalonia, è sempre stato considerato la Portofino della Grecia Ionica. Ovviamente, proprio per la sua nomea, è sempre piena di mega – yacht, velieri e turisti. In realtà, però, la cittadina è abbastanza fasulla. Sembra un incrocio tra Porto Cervo e

Gardaland. Parlando con un cameriere, mi disse che Fiskardo è "aperta" solo pochi mesi d'estate. Nonostante questo "dettaglio", il posto è davvero incantevole. C'è molta vita per le strade, di giorno e di notte.

Anche l'acqua del porto naturale è molto bella e limpida, tanto che si può fare tranquillamente il bagno.

Dopo avere sistemato bene le barche per passare la notte (dopo le 10 di sera si alza una brezza da nord-ovest), il sottoscritto e i tre triestini si avviarono per la giornaliera spedizione terricola, alla scoperta di "Ouzi e costumi" del luogo. Ci posizionammo in un piccolo bar in una traversa del corso principale (il lungomare).

Già che c'ero, sfruttai la toilette del locale per mollare la bio-zavorra. In realtà facemmo tutti il caco-tour, ma il proprietario non sembrava infastidito. Avendogli ordinato almeno 12 bicchieri di ouzo!

Il giorno dopo c'era in programma di andare a Sivota, a sud di Lefkada, con tanto di cena allo Ionion, ristorante di un amico di Alakia.

Quindi, quella sera a Fiskardo, mangiammo a bordo. Dopo cena, il mio equipaggio scese a terra, mentre io ne approfittai per una sana dormitona, al fine di recuperare qualche ora di sonno persa nei i giorni precedente.

La mattina successiva partimmo di buon ora, perché avevamo valutato l'ipotesi di visitare Porto Katsiky, la più bella spiaggia di Lefkada. Enorme, dai colori incredibili, situata ad ovest, è una delle principali attrazioni dell'isola, facilmente raggiungibile anche via terra. Appena uscito da Fiskardo, feci rotta verso nord, superando la punta settentrionale di Cefalonia. Il vento aveva mollato il colpo, ma era rimasta una fastidiosa e lunga onda, che incominciò a sbiancare i visi dei miei ospiti. Capii che di quel passo, il mio equipaggio si sarebbe attaccato alle draglie dando di stomaco il cenone di 8 anni prima. Poggiai verso Vassiliky, l'altra grande città situata nella parte meridionale di Lefkada, all'interno di un immenso golfo. Così facendo mi sarei ridossato dei marosi, rinunciando alla splendida gita. Gli altri mi seguirono poco dopo, raggiungendomi in una caletta sconosciuta, scovata esplorando le acque interne della grande baia. Il fuori programma fece aggiungere un ulteriore posto stupendo alla personale cartina di Alakia, trattandosi di un posto davvero bello. Un piccolo fiordo ad uncino, con tanto di caverne, grotte e spiaggia di una villa privata. Passammo una tranquilla mattinata, in attesa di ripartire verso Sivota.

C'era parecchia curiosità di vedere la piccola cittadina di Lefkada, soprattutto per la sorpresa che Alakia ci aveva annunciato.

Così, verso le 15, partimmo alla volta dell'approdo serale. L'ingresso è davvero emozionante. Anche lei disposta alla fine di un fiordo, molto lungo e stretto, che gira a sinistra a metà della sua lunghezza. Tutta la cittadina è concentrata attorno ad un bacino interno quasi perfettamente circolare. Noi seguivamo Alakia nella zona nord-est del golfo. Poi la sorpresa. Girò il suo Bavaria 49, diede fondo e ormeggiò di poppa ad un...ristorante! Già, proprio un ristorante! Emulammo subito il capo - flottiglia, scoprendo che a terra c'era un amico di Alakia, proprietario del locale, che tutti i giovedì sera gli teneva 4 o 5 posti liberi sulla banchina adiacente ai suoi...tavoli! Non mi era mai successo di scendere dalla barca e sedermi direttamente a tavola!

Il paese è davvero grazioso, vivo ed attivo, pieno di negozietti di chincaglierie, ma anche di pescatori e artigiani locali. Insomma, sicuramente non è un luogo artefatto come Fiskardo!

Ioannis, il padrone del locale, ci mise a disposizione i servizi del ristorante, con tanto di cesso e doccia. Mi stavo decisamente viziando negli ultimi giorni. Dalle selvagge frasche, ai dei ben comodi sedili di ceramica!

Nel frattempo, i vari equipaggi se ne erano andati a passeggio per Sivota, mentre noi skipper ce ne stavamo da Ionnais a spettegolare, bevendo birra, Metaxa e ovviamente, Ouzo!

I dialoghi andarono avanti per parecchio, adeguatamente accompagnati da cordiali a raffica. Il risultato finale era scontato. Completamente ribaltati, ci unimmo ai nostri equipaggi, per una spettacolare cena a base di pesce.

Si trattava dell'ultima sera a spasso per i nostri ospiti, quindi cercammo di resistere alzati il più a lungo possibile, per festeggiare. Tutto sommato avevamo davvero un bel gruppo di personaggi, variegati ed in gamba, tanto che anche il sottoscritto era un filo triste. Ero stato molto fortunato quella settimana, sia come equipaggio, sia come barca, sia come skipper. Ero dispiaciuto molto per la partenza dei miei 5 "animali", ma dall'altro canto, iniziavo ad entrare nelle grazie dei tre triestini. Sentivo che la settimana successiva ci saremmo ulteriormente affiatati.

E fu proprio così.

Rientrammo a Lefkada, nel grande marina, per riconsegnare le barche e scaricare gli ospiti. Questi ci chiesero di fare un ultima cena con loro. Io accettai, ma mi ritrovai in imbarazzo a dovere declinare l'invito degli altri 3 skipper. Alakia, Fouzo e Daka avevano già affittato i motorini per volare alle loro barche e farsi la serata in tranquillità. Insistettero molto, la cosa mi fece ovviamente molto piacere, ma avevo già dato la mia parola agli ospiti.

E poi avevamo un'altra settimana da passare insieme, non c'era sicuramente da allarmarsi.

Senza considerare che, una bella doccia "vera" non mi faceva proprio schifo.

E nemmeno una sacrosanta, placida, doverosa e meritata cagata in porto, con Gazzetta dello sport annessa!

Eccheccazzo!

CAPITOLO 16: nuovi lidi e fantastici re-make!

La seconda settimana stava per incominciare. Gli ospiti avevano lasciato le barche il sabato mattina presto ed io, per non restare con le mani in mani, mi ero messo ad aiutare degli amici armatori, trasformandomi in "lavabarche", traduttore e factotum! Verso le 14 i tre triestini tornarono al marina, in attesa dei nuovi ospiti, in arrivo alle 17.

Alakia mi confermò la presenza di numerosi nuovi skipper, visto che le barche prenotate erano 13! Ci aspettava una settimana davvero intensa, soprattutto per lui, che era il capo flottiglia!

Non mi metterò a descrivere nuovamente il tour della seconda settimana, essendo pressoché identico a quello della precedente. Tranne che per alcune visite a baie inedite e qualche curioso episodio in posti già descritti.

Partiamo con ordine, seguendo il tour. Come nella settimana precedente, la prima sosta fu a Kastos, ma per la enorme quantità di barche al seguito, dovetti inventarmi un ormeggio davvero "fantasy". La diga esterna era completamente occupata da barche di un'altra compagnia, così dovetti ficcarmi dentro la baia, con due cime a terra molto lunghe, poiché il fondale scendeva dolcemente dalla riva verso il largo. Il problema della Grecia Ionica è che le rocce scoperte sono o calcaree o sedimentarie, quindi è parecchio difficile trovare spuntoni o protuberanze adatte a dare volta ad una cima. Inoltre, quando si trovano, vengono immediatamente utilizzati anche da altri, rendendo così la notte degli skipper "impanata". In pratica un susseguirsi di risvegli bruschi, continui giramenti nel giaciglio, brividi di freddo alternati da vampatone di calore, dovuti alla assillante domanda: " il sasso terrà?".

Ma nel mio caso non fu necessario arrivare alla notte. Difatto eravamo stati tra i primi ad ormeggiare, lasciando i posti più comodi agli altri skipper "novizi". Inoltre il mio equipaggio gradiva la privacy, non si entusiasmava a stare a pacchetto. In ogni modo, misi la barca in sicurezza e scesi a terra per andare a fare due chiacchiere con Fouzo.

Dopo 10 minuti vidi entrare una delle barche della nostra compagnia, e pochi istanti dopo, fischi, ed urla. Non vedevo la situazione, ma sentii chiaramente un brivido freddo partirmi dalle chiappe ed arrivarmi allo noce del capocollo. Decollai in direzione della mia barca, e vidi uno dei miei ospiti in acqua, con la pancia appoggiata ad una delle cime a terra, avvinghiato ad una roccia, cercando di trattenerla. Non riuscivo a capire come fosse potuto accadere, poi mi accorsi che la barca che avevo visto entrare qualche istante prima, s'era comodamente agganciata alla mia, senza cime a terra. La superficie del suo scafo, unita alla nostra, aveva fatto traslare le due imbarcazione, facendo uscire dallo sperone la mia cima! Il mio equipaggio a bordo aveva completamente perso il controllo, urlava ed imprecava verso l'altra barca, verso di me e qualsiasi cosa passasse vicino loro! Non c'era tempo da perdere. Lo skipper della barca "parassita" non si era assolutamente reso conto del casino che aveva combinato, e comodamente, stava mettendo in acqua il suo tender per portare le sue cime a terra. Non ci volevo credere! Mi assicurai che il mio ospite "avvinghiato" allo scoglio stesse bene e che potesse resistere. Recuperai un po' di imbando e riuscii a fissarla meglio, poi tornai a bordo (dove venni accolto da una carrettata di insulti irripetibili) per prendere un'altra cima lunga. Tolsi il capo dalla galloccia[1] e diedi volta al winches, ammonendo un membro dell'equipaggio di prepararsi a recuperare velocemente. Poi cercai un altro sperone, più sopravvento, diedi volta e legai l'altro estremo all'altra cima, stando bene attento a non annodarci l'ospite che la reggeva!

A quel punto la mossa da fare era una sola e rapida. Spostare il mio uomo in acqua in modo da fare uscire la cima, recuperandola velocemente a bordo, così da metterla in tensione sul nuovo sperone. Spiegai la cosa al mio team, ma continuavano a parlare tutti insieme in modo confuso, finché sentii chiaramente la frase "lasciatelo perdere che non capisce un cazzo" provenire da bordo. In quel momento il tempo rallentò. Guardai alla mia destra e vidi che c'erano un po' di skipper sulla barca di Alakia che si stavano guardando la scena assieme agli ospiti muniti di fotocamere. Incurante della possibile figura di merda che stavo per fare, gridai un porcone di tale intensità che tutti si zittirono. Successivamente impartii gli ordini, tre per l'esattezza, seguiti ognuno da un'irripetibile imprecazione e, in 5 secondi, la barca si rimise in sicurezza, nonostante l'altra legata e la mancanza di fiducia del mio equipaggio.

"Bella mossa fillakia!" gracchiò la mia radio. Era Alakia, che era stato sicuramente pronto ad intervenire, ma mi ha lasciato fare, dimostrando grande fiducia in me.

---

[1] galloccia: pezzo della barca a forma di "T" sulla quale si bloccano le cime, in particolare quelle d'ormeggio.

Appena tornai a bordo. Guardai il mio equipaggio che s'era improvvisamente zittito.

"Mi spiace se vi ho lasciati da soli. Adesso uno di voi viene con me e gli spiego come funziona il VHF. E scusate anche per la bestemmia."

Non ci fu bisogno di aggiungere altro, perché il ragazzo che era in acqua con me (tra l'altro quello che meno si era agitato) prese la fidanzata in disparte e le fece notare che il problema era stato innescato dalla barca "remora", non per una leggerezza mia, e che se si sentiva così sicura della mia incapacità, perché aveva affittato una barca con lo skipper?

Fortunatamente la situazione si rasserenò subito, complici i 3 polpi pescati nel pomeriggio. Quegli spaghetti ancora me li ricordo.

La mattina dopo, stranamente, mi svegliai molto presto. Feci colazione per i cavoli miei, mentre gli ospiti dormivano. Considerando che il porto di Kastos è aperto ad est, immaginate che alba si può apprezzare da una delle baie più belle dell'arcipelago Ionico. Come inizio non era male, considerando che ero ignaro del fatto che quella sarebbe stata una delle giornate più belle e memorabile della mia vita.

Il passo successivo alla colazione fu, ovviamente, la gita a terra. Avevo già lasciato un ricordo del mio passaggio sull'isola, in una splendida valle di olivi. Mi sembrava doveroso, quindi, cambiare panorama. Scesi a terra col mio amato rotolo ed andai nella direzione opposta alla volta precedente. Trovai un'altra tortuosa salita, la quale terminava con un bellissimo altopiano, cosparso di muretti a picco, i quali delimitavano terreni da pascolo o uliveti. Mi misi alla ricerca di uno spazio tranquillo. Passò circa un quarto d'ora prima di trovare quello adeguato. Un piccolo sentiero tra due muretti a secco, con uno slargo in cima ad una collinetta. Una vista mozzafiato. Il problema, però, era il fatto che c'erano una serie di abitazioni "vive" attorno a me. Mi sentivo tremendamente osservato, così cercai un albero abbastanza fitto da permettermi di vedere il panorama, ma non essere visto dalla gente. Fu così che mi ficcai in un maledetto cespuglio, basso e pieno di rovi. Ma il peggio doveva ancora arrivare. Al suo interno, c'erano tre enormi nidi di ragno, ovviamente, con inquilini annessi. E che inquilini! Avevano il ventre grosso come un tappo di birra! Inoltre sembravano belli affamati e nervosi. Se non fosse stato per l'insistente pressione del U-Boat dentro di me, sarei scappato a gambe levate, menando fendenti ed urlando come un pazzo. Ma non ce la facevo davvero più. Guardai i tre insetti, mi accuccia e mentre mi liberavo della zavorra dissi: "E piantatela di guardarmi così! Lo so che non è bello cagarvi in casa, però pensate a quante mosche verranno qua a mangiare e quante finiranno nelle vostre reti". I ragni smisero di avvicinarsi. O mi avevano capito, o semplicemente l'aria aveva cominciato a diventare pesante.

Finito il lavoro, uscii dal cespuglio con riverenza, mi controllai dalla testa ai piedi per essere sicuro che i padroni di casa non avessero avuto amici su di me, poi incominciai a correre ed urlare come una ragazzina in preda ad un attacco di panico.

Arrivai alla spiaggia, sudato fradicio e pieno di graffi, presi il tender e tornai a bordo. Pochi istanti dopo ero a mollo per il consueto bagno igienizzante, sta volta meno piacevole, a causa delle ferite che con l'acqua salata bruciavano dannatamente. Rimasi molto in acqua, mostrando agli ospiti le mie innate doti di apneista. L'intento non era certo ammaliarli, bensì restare il più a lungo sott'acqua per fare annegare ogni tipo di insetto che potenzialmente si era insinuato tra i miei capelli.

Erano circa le 8 del mattino quando tornai a bordo. Qualcuno era già sveglio, altri ancora dormivano. Decidemmo di partire prima degli altri, per visitare la piccola isola di Formikula in tutta tranquillità. Certo che definirla "isola" è davvero una esagerazione. In realtà è un sasso dimenticato dal padreterno a sud-ovest di Kastos, dalla simpatica forma a fagiolo, con un'unica piccola baia a sud. Nessuna costruzione a terra, nessun segno di civiltà. Il mare era una tavola, il cielo terso e il caldo torrido greco ancora assente. In pochi minuti arrivammo nell'insenatura e, mentre davamo ancora, un ospite mi chiamò.

"Che cos'è quella cosa?"

Una calotta scura a pochi metri da noi si confondeva con le ombre dell'alba, ma mi sentii di dire che probabilmente si trattava di una tartaruga. Poi improvvisamente si immerse, generando un grosso gorgo. No, non era una tartaruga, troppo grossa e veloce.

"Forse è un delfino!"

Dopo pochi attimi, riemerse. Un baffuto e simpatico musino si girò verso di noi, sbuffando dalle narici.

Una foca monaca.

L'emozione fu fortissima. Si tratta infatti del mammifero acquatico più raro e schivo del mediterraneo, da decenni sull'orlo dell'estinzione. L'ultimo censimento di questa simpatica foca dice che sua popolazione oscilla tra i 300 e i 500 esemplari, sparsi tra la Turchia, la Grecia e qualche sporadico avvistamento in Sardegna. Considerando la densità di questo animale, la possibilità di vederlo in cattività è pari a quella di vincere al Superenalotto...per due volte di fila!

Certo, avessi potuto scegliere, sicuramente avrei preso i denaro, ma dato che non era possibile, mi infilai pinne e maschera e mi buttai a mare silenziosamente, sperando in un incontro ravvicinato. Non nego che avevo un filo di timore. Ero infatti io l'intruso, nell'habitat naturale di un predatore che comunque, raggiunge quasi i 2 metri di lunghezza. Non è certo uno squalo tigre, ma non so quanti sarebbero tranquilli nel trovarsi di fronte un criceto di 120 kg!

L'atmosfera era surreale. Solitamente sott'acqua non c'è mai silenzio. Si sente sempre un rumore di fondo. Quel giorno invece regnava un silenzio inquietante. Avevo proprio la sensazione di essere nell'area di caccia della foca. In giro non si vedeva nemmeno un pesce. Nuotai verso la zona dell'avvistamento del mammifero, ma non la trovai. Continuavo a guardami alle spalle, per evitare improvvisi colpi di cuore nel vedermi passare vicino l'animale. Ma non accadde. La foca si era volatilizzata. Tornai a verso la barca e il rumore sottomarino ricominciò. Avevo la conferma che se ne era andata. Risalii a bordo e improvvisamente, riapparve, come fosse uscita da una grotta sottomarina, ci guardò, sbuffò e con la sua impressionante agilità fece un bel tuffo, mostrandoci le pinne caudali ed eclissandosi per sempre. Ciao ciao Monica (affettuoso nomignolo affibbiato alla foca dal mio equipaggio)!

Fu senza dubbio un'emozione incredibile, perfino il mio equipaggio aveva percepito la rarità dell'evento. Peccato che delle dodicimila fotografie fatte, non ne sia uscita manco una!

Poco dopo il mio rientro a bordo, gli ospiti presero il tender e scesero per esplorare la microscopica isola. Io mi attaccai al VHF, al cellulare e ai piccioni viaggiatori per informare l'intero universo dell'accaduto. La notizia si sparse a macchia d'olio ed immediatamente, incominciarono a comparire le prime curiose barche.

Ma la mia super giornata non era terminata. Il destino mi avrebbe infatti regalato un'altra perla.

Rientrato il mio equipaggio, facemmo rotta verso Atoko, per pranzare alla fantastica baia di One House. Già dal primo giorno, infatti, i miei clienti avevano esplicitamente richiesto di staccarsi dalla flottiglia. Volevano farsi la vacanza indipendente. Onestamente la cosa non mi andava, per una serie di motivi. In primis, "safety". La navigazione in flottiglia ha sicuramente dei vantaggi di sicurezza, sia per le persone che per le cose. In secondo luogo, gli approdi notturni non sono molti e i pochi disponibili, sempre inflazionatissimi. Perfino dormire alla ruota in rada è un problema. Manca proprio lo spazio. Detto ciò, preferivo indubbiamente passare la notte appiccicato ad una barca amica piuttosto che a degli sconosciuti. In ultimo luogo, la navigazione in flottiglia era un servizio che offrivamo ai clienti, anche come possibilità di conoscere più persone oltre al proprio equipaggio. Perché quindi privare qualche cosa che era stata pagata da tutti?

L'accordo che trovammo sembrava mettere d'accordo sia loro che me. Avremmo fatto il tour in flottiglia, ma con orari più serrati, cercando di vedere almeno 2 rade in più degli altri al giorno. Alla fine l'unico sacrificio richiestomi era navigare di più. Uno sforzo mostruoso proprio! Era esattamente quello che ero programmato di fare dalla nascita. Navigare e vedere posti sempre nuovi. Fu un'ottima occasione anche per me, esplorando luoghi inediti e "ripassando" quelli già visitati.

Mentre pranzavamo nelle cristalline acque di One House Bay, Akia mi chiamò via radio, per comunicarmi un cambio di itinerario. Invece di Frikes, avremmo fatto tappa direttamente a Vathi, la capitale di Itaka, poiché il meteo dava rinforzi da sud – est nella notte.

Avvisato il mio equipaggio della situazione, decidemmo di andare a Vathi molto presto, sia per trovare un buon ormeggio, sia per dargli la possibilità di affittare dei motorini e visitare l'isola, sfruttando così il resto del pomeriggio.

Così facemmo. Entrammo nella grande baia di Ulisse, la quale era già parecchio affollata. Trovammo un'intera banchina vuota, nella parte sud, vicino alla capitaneria. Il fondale del golfo è un misto di sabbia e fango, non spettacolare alla vista, ma ottimo tenitore per la CQR[1]! Il vento già stava incominciando a pompare, così nel dubbio, diedi 60 metri di catena. Le raffiche infatti arrivavano da prua, ma in caso di emergenza, sarebbe bastato mollare i doppini[2] a poppa e saremmo usciti in un baleno.

Completato l'ormeggio, mi attivai immediatamente ad aiutare le altre imbarcazioni della flottiglia, per sollevare dal giornaliero onere il buon Alakia, che nel frattempo aveva ormeggiato poco distante da me. Il primo fu Fouzo, il quale si infilò tra me ed il capo flottiglia. Anche lui non fu tirchio con la catena. E proprio questa saggia mossa per poco non diede origine ad un bel disastro.

---

[1] CQR: tipo di ancora molto simile ad una marra di aratro.

[2] doppini: metodo di fissaggio delle cime a terra. Invece di fare due nodi alle estremità, si tengono entrambi i capi a bordo, facendola passare a doppia mandata in un anello a terra. Così facendo per liberarsi non serve abbandonare la barca.

Il suo Bavaria, infatti, era dotato di 50 metri di catena, i restanti 50 erano invece in tessile. Lo skipper non lo sapeva, in quanto tutto il matassone era sempre stato sotto il cumulo di catena. Così, mentre dolcemente arretrava verso la banchina per lanciare le cime d'ormeggio, mi accorsi che il suo uomo di prua, addetto all'ancora, eseguiva con precisione gli ordino del suo skipper, noncurante del fatto che la cima filante non aveva nessun tipo di attrito sul barbouten[1] del verricello. In sostanza, la barca non aveva trazione a prua. Quando la sua poppa era a 5 metri dalla banchina, mi accorsi della faccenda. Schizzai a prua, dissi al suo uomo di fermare l'argano e feci un mezzo collo[2] al volo sul tamburo[3]. La cima si bloccò. Fouzo, ancora all'oscuro di tutto, diede l'ordine di mettere in forza e il suo "arganista" invertì il senso del motore. Il barbouten fece presa e riuscì a mettere in tensione il calumo, ma si generò un enorme groppo informe sul motore elettrico, rendendo impossibile sia mollare che recuperare cima. Ma ormai la barca era in sicurezza.

Chiamai con calma Fouzo, che immediatamente capì la situazione.

"Porca troia!" esclamò!

"Pensa se...avremmo potuto...meno male che l'hai visto...che culo cazzo!"

La sua agitazione momentanea svanì rendendosi conto che la barca era immobile. Restava però il problema che in caso di emergenza, con quel enorme groviglio , il verricello era inutilizzabile. Mentre si scervellava sul da farsi, andai a poppa, presi una sottile cima calzata

---

[1] barbouten: ruota metallica scanalata fissata al motore del salpa ancore. La catena dell'ancora vi si incastra perfettamente, rendendo così possibile buttarla e recuperarla.

[2] mezzo collo: tipo di nodo di veloce esecuzione

[3] tamburo: piccolo winches diametralmente opposto al barbouten, che funziona per il recupero della cime.

e tornai a prua. Mi guardò con estrema curiosità, mentre avvinghiato sul musone di prua come una scimmia, facevo un nodo di bozza con la sottile cime alla fune dell'ancora. Poi misi in forza su una galloccia, togliendo tensione al moncone aggrovigliato sull'argano. Con un po' di pazienza e un centinaio di madonne sciolsi quel casino, feci tre ordinati giri sul tamburo e rimandai il terminale sull'altra galloccia, rimettendo il cavo in tensione. Infine sciolsi il nodo di bozza.

"Fatto, tutto a posto. Occhio domani quando recuperi che non si incasini di nuovo."

Guardò il lavoro finito con soddisfazione, poi mi diede una pacca sulla spalla e mi disse:

"Vieni che ti offro un Ouzo. Così mi insegni il nodo che hai appena fatto. Eccezionale manovra fille!"

Mi sentii improvvisamente uno di loro. Soprattutto al bar, quando Alakia e Daka mi guardarono con complicità. Loro sapevano. Fouzo gli aveva già raccontato tutto. Fu la svolta. Da quel momento il trio diventò un poker. Dovetti perfino imparare il triestino.

Il giorno successivo, ci dirigemmo verso Cefalonia. Eravamo in anticipo di un giorno sulla tabella di marcia, quindi si prospettava una visita approfondita del sud di Ithaky e Cefalonia. Passammo in rassegna tutte le baie che incontrammo, con uno splendido pranzo a base di pesce ormeggiati in uno stretto canale tra Ithaky ed una piccola isola, a sud di Vathi, famosa per l'alta concentrazione di topi e vespe. Fortunatamente i primi latitarono, le seconde, ahimè, smisero di romperci le scatole dopo un ditone morsicato e una cinquantina di loro morte ammazzate. Ma da bravi ecologisti, utilizzammo i cadaveri degli insetti come esche, scoprendo che le Occhiatte apprezzano molto il sapore di carne di vespa. Avevamo altro notevole materiale per cena!

Verso sera ci rimettemmo in marcia per trovare un posto dove passare la notte. La maggior parte della flotta aveva deciso di ormeggiare a S. Eufemia, a Cefalonia. Il mio equipaggio mi chiese, per una volta, di passare la notte alla ruota, in rada. Cartina alla mano, la scelta cadde sulla baia di Antisami. Forse la località più simile alla nostra riviera, piena di lunghe spiagge immerse di persone ed ombrelloni. E' una baia molto grande, ma l'unica zona utile per dare fondo è a sud, tra l'altro è anche la parte più bella. Fondale basso misto rocce e sabbia. Diedi tutta la catena che c'era a disposizione sulla barca, per essere sicuro che l'ancora non arasse. Insieme a noi c'erano altre due barche della flottiglia, così dopo cena, accettai l'invito di una di queste per una allegra festicciola. Il mio equipaggio declinò e, visto i precedenti, mi portai a bordo della barca degli ospiti VHF e telefonino. Era la notte di San Lorenzo, ma non fummo molto fortunati. C'era una piccola perturbazione in arrivo, ed il cielo era nuvoloso. Non vidimo molte stelle cadenti quella notte. In compenso dormii come un ghiro, sia per il dolce ed ondulatorio rollio della barca, sia per la mezza boccia di rhum che mi ero scolato.

La mattina mi alzai poco dopo l'alba. Il caldo era insostenibile, ed era impossibile rimanere sdraiati in dinette. Non appena la temperatura saliva oltre i 20° centigradi, infatti, la finta pelle del divano iniziava un rapido processo di incollaggio con la pelle, portandomi, tutte le mattine, a sognare l'album dei calciatori panini. Quando mi alzavo, regolarmente, mi portavo dietro il materasso della dinette. I bagordi della sera precedente avevano scombussolato notevolmente il mio stomaco ed intestino, così appena dopo il tradizionale caffè, il mio duodeno iniziò ad inoltrare richieste insistenti di scarico. La situazione era tutto sommato sostenibile e perfino il tempo a disposizione mi permettevano di affrontare la questione con una certa tranquillità. Scesi a terra con il canotto e il mio solito marsupio. Mi misi in marcia verso l'entroterra di Cefalonia, molto meno scosceso delle altre isole. Dopo pochi metri, però, mi resi conto che anche la vegetazione autoctona presentava delle notevoli divergenze. Pochi alberi nei paraggi, ma soprattutto, una quantità infinita di bassi cespugli spinati, i quali, ad ogni passo, mi mettevano in collegamento diretto con l'inferno. Un male inenarrabile. Dopo un'indefinita quantità di richiami al calendario cristiano, trovai un bel corbezzolo, attorniato giovani ulivi e qualche albero da frutto. Mi misi in posizione, rivolto a nord, nel mio abituale momento romantico. Sole alla mia destra che inondava di luce la baia di Antisami, nessun essere umano in vista, cicale in pieno concerto e le tre barche appisolate all'ancora. E' davvero incredibile che per godermi dei momenti di pace e romanticismo io mi debba ridurre ogni volta ad andare in bagno. Però è così, sono i pro e i contro della vita dello skipper. Ed ogni volta che mi trovo in questa "strana" situazione, faccio lo stesso pensiero. Ed inevitabilmente scoppio a ridere.

Poco dopo ripartimmo alla volta di Fiskardo.

Il viaggio riprese nuovamente secondo il programma, così l'ultimo giorno, facemmo la tradizionale gita alla grotta di Meganisi. Non ne avevo ancora parlato fino ad ora, poiché effettivamente la prima settimana non la visitammo bene. Invece, la seconda, misi in acqua il tender e diedi al mio equipaggio la possibilità di farvici una gita. Dall'esterno è impressionante. Alla vista sembra una delle centinaia di grotte sparse tra le isole dello Ionio, ma avvicinandosi ci si rende conto che in realtà è gigantesca. La volta interna è alta circa 12 metri e lo specchio d'acqua permette ad un battello di turisti di 20 metri di fare tranquillamente inversione ed uscire. E a proposito di barconi, ovviamente la spelonca è costantemente invasa da questi motoscafoni trabordanti di fracassanti persone armate di ogni genere di supporto elettronico per filmare, fotografare, immortalare. Semmai ci tornerò, vedrò di farlo alla mattina presto. Molto presto.

La sosta successiva, per l'ultimo pranzo a bordo, era programmata in una bianchissima spiaggia a sud di Meganisi, poco ridossata, dalla caratteristica spiaggia di ciottoli erosi e ben levigati. Anche la precedente volta, evitai di mangiare in quella baia. Tra il traffico dei barconi e il normale moto ondoso, il rischio di rivedere il pranzo appena ingoiato era elevato. Così, regolarmente, dopo il bagnetto doveroso e la gita alla spiaggia, mi trasferivo da solo ad un quarto di miglio verso ovest, dando fondo al riparo di una microscopica isola senza nome, che nonostante i circa 70 metri quadrati di superficie, funzionava egregiamente da frangiflutti.

Da li a poco, sarebbe iniziato il lento viaggio di rientro, passando nel canale tra Meganisi e Lefkas. Era anche per me l'ultimo giorno di navigazione, l'indomani sarei rientrato in Italia. Decisi, in accordo con la mia pancia, che sarebbe stato carino lasciare un'ultima traccia del mio passaggio, proprio su quella microscopica isola. L'idea mi stuzzicava, anche perché mi veniva difficile pensare che qualcun altro lo avesse già fatto. Mi preparai e scesi a terra, con la scusa di fare qualche fotografia. Quello che ne risultò fu epocale. Il mio equipaggio non aveva ancora capito quali fossero realmente i miei intenti nelle giornaliere gite a riva, così mi chiesero di fare qualche fotografia. Ormai in trappola, invece che confessare, presi il telefonino. Su quello scoglio in mezzo al mare era incredibilmente presente un bel cespuglio, cresciuto chissà come tra due grossi speroni di roccia. Gli scavalcai e mi imbattei in un nido abbandonato di gabbiani. Di fianco, con grande sorpresa, trovai un'altra roccia, piatta e forata. Aveva tutta la faccia di una tazza del cesso. Quasi piansi per la commozione. Che fantastico regalo, proprio l'ultimo giorno. La mia barca era alla fonda a poche decine di metri da me, tanto vicina che sentivo chiaramente i miei ospiti invitarmi ad effettuare delle belle fotografia. Calai le brache, ben protetto dalla vista dai due pietroni, mi sedetti sul wc naturale e appoggia il telefonino sulla roccia. Fu così che mi misi a fotografare mentre il mio di dietro espletava le tradizionali formalità. La scenetta non lasciò dubbi ai miei clienti sul perché della mia discesa a terra, il tutto coadiuvato da l'ennesima "perfetta", che mi portò via solo pochi strappi di carta.

Quella simpatica pantomima fu la scintilla che mi ha portato alla scrittura di questo irriverente libro.

CAPITOLO 17: tutto è bene ciò che finisce bene

Come ho già scritto all'inizio di questo agglomerato di confuse parole, il mio intento non era generare un "manuale della defecatio", o un romanzo di avventure, tantomeno un "portolano della navigazione mediterranea". L'intento era semplicemente condividere ricordi di posti pazzeschi attraverso le gesta di un cacatore-ruralis.

Inutile dire che non è il caso di emularmi, poiché se tutti prendessero la mia piega, oltre a riempire di merda ogni angolo vagamente nascosto delle località di mare, finiremmo per fare fallire le società che producono i cessi di bordo della barche...

Una cosa però mi permetto di sottolinearla. Meglio farla in un posto a terra, nascosto e lontano da sguardi curiosi, che mollarla in acqua. Sia direttamente (facendo il bagno) che indirettamente (con il bagno di bordo). Non c'è cosa più brutta che fare un tuffo in una bella baia e ritrovarsi di fianco Mr Hanky[1].

Dopo avere mestamente illuso la mia coscienza con questa esortazione alla buona educazione, è il caso di riprendere in mano l'argomento principale di questo libercolo.

Ci sono state altre decine di escursioni a terra da parte del sottoscritto, ma molte in luoghi già visti precedentemente, altre invece, non abbastanza comiche o belle da essere menzionate.

E come ogni argomento "tabù", la merda e i racconti a lei imperniati, presentano una serie di leggende

---

[1] Mr Hanky: famoso personaggio "marrone" dell'irriverente cartone animato "South Park"

metropolitane e storie al limite della realtà che vanno sicuramente menzionate. Come è il caso di citare alcune epiche vicende di amici e conoscenti dei quali eviterò di fare il nome.

Vi lascio a queste breve e divertenti avventure, sperando di avervi tenuto compagnia e soprattutto, di avervi strappato qualche sorriso.

Buon Vento

LEGGENDA o REALTA'?

1. Durante la Giraglia, la famosa regata che parte da Saint Tropez e giunge a Genova usando il ditone della Corsica come boa, un grinder di una delle barche favorite, preso da un attacco di cacarella, corse sottocoperta alla ricerca del cesso...senza trovarlo. In preda a sudori freddi e convulsioni, notò un secchio vicino ai sacchi delle vele di prua, curiosamente rivestito di fili di lana. Senza troppi calcoli, lo prese e lo riempì con un roboante fragore. Il leggero sorriso di soddisfazione svanì immediatamente alla vista del prodiere, che, con le mani nei capelli gli disse: "Coglione, quello è il secchio per giuncare gli spin!".
Si tratta di un secchio nel quale si fa passare lo spinnaker o il gennaker, dalla penna alla bugna, lasciando ad intervalli regolari, degli anelli di lana. La cosa che mi preme sottolineare è che il secchio in questione...non ha il fondo.

2. Appena terminata la cerimonia del matrimonio del suo amico, "J" (lo chiamerò così per non fare nomi) si recò all'agriturismo nel quale era previsto il pranzo di nozze. Precedentemente, durante il rinfresco a casa dello sposo, "J" s'era scolato diversi bicchieri di frizzantino, ovviamente, feddo stinco. Anche al ristorante i brindisi con del ghiacciato prosecco continurono, innescando un irreversibile processo di schittone. In preda ai più terribili crampi intestinali, "J" corse verso la toilette del ristornate, ci entrò, chiuse la porta, si abassò i pantaloni e... non fece nemmeno in tempo ad

appoggiare le chiappe all'asse che la "questione" detonò, verniciando di fatto tutta la parete di un bel color "cacao spugnato". Resosi conto ben presto del danno, con rapidità finì di sistemarsi, dopodichè, cercò di allontanarsi segretamente dal bagno. Ma non appena uscì dalla porta, il padre dello sposo entrò nel antibagno. I due si ritrovarono di fronte, nel mezzo della nube tossica che si sprigionava dal WC. Passando da una espressione di "cazzo, mi ha beccato" ad una "sono estremamente indignato", "J" disse: " ma non è possibile...che roba indecente...ma come si fa a non pulire i cessi! Nemmeno il tempo di arrivare e trovo il bagno in questo stato! Senza offesa, però io un discorsetto al proprietario lo farei..."
Un verio genio dell'improvvisazione.

3. Di rientro da un veloce capodanno tra le dolomiti, tre amici fecero una sosta ad una nota area di servizio della autostrada A4. "L", colse l'occasione per andare al bagno, così da liberarsi della zavorra, che, come sempre, aumenta di peso e quantità a causa dei faraonici e numerosi pasti delle festività. Mentre gli altri due si gustavani un caffè al banco, suonò il cellulare di "M".

"Pronto?"

"Emme...ho un problema...

"Cos'è, hai finito la carta?"

"No...s'è otturato il cesso! Ah ah ah ah!!"

"M" si recò nel bagno e, nonappena fu completamente libero, con un fischio fece uscire "L". Con passo veloce e deciso i due si diressero verso l'uscita, ma "M" aveva preso un caffè anche per "L". In attesa del barista, videro un inserviente entrare nei bagni.

Fu così che "L" trangugiò il caffè appena servito senza zucchero alla temperatura di circa 280°, tutto d'un fiato!

Un secondo dopo era già tutti e tre in macchina, mentre si sentivano le imprecazioni dell'inserviente.

4. Il mare era difficile ed incrociato, il vento ben oltre i 30 nodi. Altair procedeva veloce e sicura al traverso, mentre tutto l'equipaggio era in coperta con giubbetti e cinture di sicurezza. Il capobarca era una ragazza di 27 anni, con il fisico da modella e il volto d'attrice. La navigazione procedeva così da diverse ore, il capobarca si alzò e si posizionò dietro il timoniere, quasi a controllare ogni suo movimento. Ad un tratto un rombo, secco e violento. Il timoniere si voltò e vide la giovane con i pantaloni calati e le mani ben salde al patarazzo sdoppiato, col viso paonazzo.
"Che c'è? Pensavi ancora che le donne non la facessero? Continua a timonare prima di farci scuffiare!"

Noblesse oblige.

www.ingramcontent.com/pod-product-compliance
Lightning Source LLC
Chambersburg PA
CBHW061448040426
42450CB00007B/1270